だいわ文庫

50代ではじめる快適老後術

岸本葉子

大和書房

はじめに
気づけば55歳。自分らしい快適老後の作り方

「こ、この私が○歳ってホント？」

そういうとまどいを覚えたことは、誰にでもあると思います。○の部分に何の数字が入るかはそれぞれでしょうけれど、いくつになるにしても、年齢ってなかなか実感がついていかないもの。

振り返れば、30歳になるときからうろたえていました。40代に入ったときは、ゆっくり驚いているヒマもなく（？）病気になり、そちらと仕事の両立にオタオタし、そうこうするうちに父の介護がはじまり、介護が終わって、気がつけば今、もう55歳、50代も半ば！

四捨五入すれば60歳。えーっ、もう？

四捨五入なんて必ずしもする必要がないのに、年齢のことになるとついし

てしまい、感慨にふけってしまうのです。

60という数字のインパクトは大きいものがあります。60歳といえば還暦。少し前まではリタイアの年齢だった。今は高齢者と一般的に言われるのが65歳以上。シニアがいよいよ近づいている！


とはいっても、いつまでも若い気でいるわけではないのです。鏡に向かえば一目瞭然だし、鏡の中の「静止画像」のみならず、仕事柄テレビに出て「動く自分」を見る機会もある私は、容貌に関する幻想は持ち得ません。

スタジオトークで笑ったとき思いきり寄るシワとか、斜めから映ったときのフェイスラインの段々をなすタルミとか、家のテレビで眺めながら、「たしかに、四捨五入60だよな。服は若作りしていても、顔は年齢相応だな」と冷静に評価しています。

日常生活で「これっていつまでできるかしら？」と思う事柄も増えました。

フランスのとあるメーカーのホウロウ鍋は、料理雑誌では必ずといっていいほど登場する鍋で、30代から愛用しています。何層構造にもなった厚い鉄の鋳物《いもの》で、それを使うとたしかに煮物がおいしくできるけれど、なにぶん重い。洗って外側をすすぐため裏返す拍子に、腰にズシンと響きます。

体力と根性の要る作業を、だんだんにしなくなってきます。換気扇の掃除は、自力でするのをとうにあきらめました。

でも、できなくなる一方ではなく、身についてきたことも多いです。

意識的にしている工夫、無意識に備わってきた性質やふるまい、習慣などで、「これはもしかすると、来る《きた》べきシニア時代をよりよく生きるうえで有用なのでは」と気づき、伸ばしていこうとしているところ。

この本では55歳を迎えた私が思う、快適老後の作り方を書いていきます。

50代ではじめる快適老後術

目次

第2章

一〇年後のために暮らしを整える

第3章

住まいは、老後を考えながら今を快適に

第4章

ムリせず、自分仕様に、健康管理

第5章

日々変化！大人の美容とおしゃれ

第6章　脳を刺激して老化予防

第7章 人生はさらに味わい深く

第 1 章

人との
ほどよい距離の取り方が
わかってきた

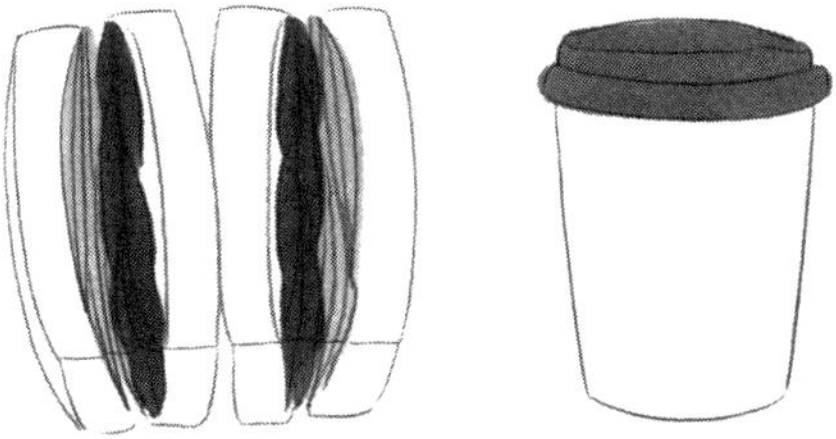

「おばさん力」で賢く乗り切る

年を重ねると、哀しいかな、外出先で何かともたつくことが多くなる。とっさの判断ができなくてとまどうのだ。かつてはもっと反射神経がよかったのに……。

でも悲観したものでもない。

もたつきを補って余りある「おばさん力」がついてきたからだ。

「おばさん力」とは何ぞや？

人の助けを素直に求められる力。ためらわず声をかけられる力。

若い頃に比べてずいぶん、いわば人懐っこくなっている。

たとえば道に迷ったとき。

スマホがあるでしょ？　いえいえ、私の世代は入力がそんなに早くなく、画面も老眼には見にくい。そんなとき、この人に聞けば多分教えてくれるだろうという、親切そうな人や無害そうな人を察知できるようになった。長年、人にもまれてきた経験の蓄積からだ。

街中のセルフサービス式コーヒーショップでも、初めての店はもたつく。ふつうのコーヒーを飲みたいときも、呼び名がブレンドだったりレギュラーだったり、サイズもショートとトール、スモールとラージだったり。今のコーヒーショップは何段階もの指定をしないと、目的のものに辿《たど》りつけない店が多いのだ。

その店にない指定をしてしまい、若い店員に早口で聞き返されると、（えっとそれは、ふだん行く店の何に当たるんだっけ？）と、脳内の情報変換が追いつかず、小さなパニックに。

そんなときもひと呼吸してから言うようにする。

「すみません、もう一度言っていただけますか？」

すると、相手も少しゆっくり言い直してくれる。

「では、ブレンドのショートをお願いします」

そこで、あー、今どきの注文ひとつできなかった自分、とめげないことだ。お釣りをもらうときを利用してレジの店員さんに「不慣れでお手数をお掛けいたしました」と、大人の余裕でにっこりと微笑《ほほえ》んで詫《わ》びる。

慣れないことに慌ててしまうのは自然なこと。

失敗を受け入れられるのも、愛嬌でリカバーし、挫折感を引きずらないのも「おばさん力」。

「おばさん力」で乗り切れば、初めての場所でも気後れせず、行きたいところへも「またもたつくと恥ずかしいから……」と遠ざかってしまわずにすむのでは。

＊もたついても気後れせず、大人の愛嬌でカバーする。
＊周りをよく見て、素直な声がけが、社会の潤滑油になる（はず）。

ちょっと苦手な「雑談力」もついてきた

おばさんに対する世のイメージのひとつが「お喋り」だろう。どうでもいいようなことをひっきりなしに喋っている……と。それって、ビジネスマンのコミュニケーションスキルとして必要といわれる「雑談力」と実は通じているのでは。

私もこの雑談におおいに助けられた経験がある。高齢の父がひとりで外に出て迷子になってしまったとき、花屋さんが保護をして、私に電話をしてくれたことがあった。

その花屋さんは、父の住んでいたマンションの近くにあって、父の散歩の付き添いで通りがかりに寄るようになり、はじめは挨拶くらいだったのが、しだいに四方山話《よもやまばなし》もするようになった。

父はひとりで住んでいること、きょうだいが必ず交代で来るようにしていること。

ただ長居するのも悪いのでときどき花も買っていた。私の家に置く鉢植えもその店で買うことにし、「入荷したらお電話ください」と電話番号を残したことがある。その記録をもとに花屋さんが連絡してくれたのだ。

電話が鳴って「花屋です」と言われたときは、一瞬何が何だかわからなかったが、急ぎお店へ父を迎えに行きながら、「余計なお喋りをしておいてよかった〜」と心底胸を撫《な》で下ろした。こちらの状況を知っていたから、父がひとりでお店の前を通ったとき、「あれっ」と思って店へ招き入れてくれたのだ。

私も昔からお喋りだったわけではない。若いときは人見知りで、余計な口はきかないタイプだった。今もやや対人恐怖症の気《け》はあるものの、年齢とともに「雑談力」が鍛えられてきた。

それもまた「おばさん力」のひとつだろう。

父のことがもっとも雑談の恩恵を感じた出来事だが、他にもいろいろな場面で「雑談力」に助けられている。マンションの清掃員さんとは毎日のように顔を合わせるので、「暑いですね」「寒いですね」にはじまり、「あそこのコンビニ、なくなるらしいですね」とか。

そんな無駄話のできる関係が築けてくると、トイレットペーパーが尽きてしまったとき、古紙回収業者が置いていくトイレットペーパーをくれたり、鍵を持たずにゴミを出しに行き、オートロックの玄関ドアが風で閉まってしまったとき、管理会社へ連絡するよう携帯電話を貸してくれたり。

雑談には、情報を呼び寄せる力もある。近所の人ともこんなふうに。

「風邪くらいでお医者さんにかかりたいとき、いつもどうしていらっしゃいますか」

「リフォームのときの工務店さん、どうでしたか」などなど。

何でもネットで調べられる時代だが、そうした地域密着型の情報はなかなか得られないもの。関係者の投稿ではなく、体験者の評価を聞ける。

地域や社会とゆるくつながるためにも、この雑談力、ぜひおすすめしたい。

*無駄話のできる関係に助けられることもある。
*何気ない雑談で地域密着型の情報や体験的情報も得られる。

私はレギンスの広告塔？

病院ロビーで近くに座っていた高齢のご婦人同士がこんな会話をしていた。

「今のお若い方がはいていらっしゃる、おズボンみたいな、あれ、何ていうのかしら？　昔でいう股引《ももひき》だけど」

「おズボンよりも楽そうよね、皆さんどこで買ってらっしゃるのかしらね」

そばで聞いている私は、口を挟みたくてたまらない。

（それはレギンスというんです、通販で売っています、私は愛用しています、すっごくいいですよ！）

人の話に耳をそばだてているようで何だし、見知らぬ私がいきなり割り込んで話しては、相手もびっくりして警戒するだろうと、じっと言葉を呑み込んでいる。

「雑談力」が高じて、教えたがりになっているよう。おばさんに対する世のイメージのもうひとつに「おせっかい」というのがあるが、それはここからくるのかも。

たまたま自分の知っていることで、人が困っている様子だと、黙っているのがもうたいへん！

私は俳句の番組の司会をしているのだが、講師である俳句作家の女性が、控え室での打ち合せのときふと見ると分厚いソックスをはいている。

「足が冷えるのよ〜」

とおっしゃるものだから、思わず、

「先生！　私のこのレギンスさわってみてください。裏が起毛してあって暖かいんですよ！　さわってみてください」

失礼ながら、裾《すそ》を無理やりさわってもらって、打ち合わせ用のテーブルに置いてあった付箋《ふせん》に通販のサイト名とレギンスの商品名まで書いて、渡してしまった。

後日、再び出演されたとき、

「買ったわよ〜、強力ね、これ！　しかも楽だし」

と喜んでくださった。内心どうだったかと不安だったおせっかいも、役に立ったらしくてうれしくなった。

レギンスはあちこちに伝播《でんぱ》しており、一軒家に暮らしていて寒いと言っていた姉はもちろん、冬はもう会う人ごとに（ただし女性限定だが）教えていると言っても過言ではない。レギンスと同様のストレッチ性を持つボトムスに、ニットデニムというのがあり、これもスタジオで動き回ることの多い、俳句番組のスタッフに教えたら、広まりつつある。

検索の仕方を披露するなら、「レギンス」と入力するだけではきゅうくつなのや薄いのも出てきてダメ。らく・ゆる・あったか・ストレッチ・裏起毛・裏フリース、このあたりのワードを打ち込もう。

私はレギンスの広告塔？　と思うくらい発信している。

そうなってみてますます悔やまれるのが、病院での会話を聞き捨てにしたことだ。不審がられず話しかける術《すべ》があのときあれば……まだまだ雑談力に磨きをかけなければと思うのだった。

＊ちょっとのおせっかいが、よい結果を招くこともある。
＊不審がられず話しかける術を磨こう。

リサイクルショップと上手に付き合うコツ

テレビの俳句番組の司会をはじめてから、服が要るようになった。

スタイリストさんはつかないので、自分で調達する。

ふだん着るものは、白いシャツの他はネイビー、グレー、黒が多いが、それらは画面が暗くなる。スタッフによると明るめの暖色系がいいそうだ。

そのために買うことになるが、すてきな色でも毎回同じ服を着るわけにはいかない。購入しても出演がすむと、これはもう番組でも、それ以外でも着る機会がないかも……と思ってしまう。

一回限りでおしまいなんて、もったいなさすぎる。

控え室でそう洩《も》らすと、スタッフのひとりが同情してくれて、

「リサイクルショップに持っていくとかしたらどうですか？」

そうだ、その手があった。

こういう知恵を授かるのもまた「雑談力」のおかげ。

リサイクルショップにはあてがある。近所にときどき行く店があるのだ。好きで買った服でも試着したときが実はワクワクのピークで、意外と着る機会のなかった服を持ち込んでいた。

しかし急に回数が増え、しかもほとんど新品では不審に思われないか。素性を知られるのはきゅうくつかとも思ったが、やっぱり説明しておくほうがよさそうだ。

「実は私、ふだんはそういう仕事じゃないんですけど、たまたま趣味でしていることとの関係から、テレビ番組の司会をするようになりまして……」

云々《うんぬん》と話せば、

「それは服が要りますね。もしうちの服で着られそうなのがあったらおっしゃってください。レンタルします」

まさか、そんな都合のいい話が。これもまた「雑談力」のたまもの……と言うには図々しすぎるが、なんとありがたいお申し出。

前よりも足繁く通うようになってみると、そのリサイクルショップの店主は男性だが、「女子トーク」のできる人。行くとたいてい誰かしらが話し込んでいて、「もう少し痩せていたら着るのにねえ」などとグチ（？）を言いつつ、なんだか楽しそうなのだ。同じ通りにリサイクルショップは何軒もあるが、それがこの店に常に人が来ている理由かもしれない。

私もついついお喋りし、服を売りに行ってお金をもらうのを忘れて帰りそうになったことが何回か。たぶん通っているお客さん全員が「自分と仲よしのお店」と思っていることだろう。

教えたくなる誘惑に抗《あらが》えず、リサイクルショップとのお付き合いのコツをここで書くと、

・まず、手放す決断は早めに限る。新しいほど、状態がいいほど買い取ってもらいやすい。

・シーズン末よりはシーズン当初がいいのは言うまでもない。お店にとっては、保管はたいへんな仕事だそうだ。

・持ち込むときは、なるべくシワのない状態にしてたたんで持っていく。まるめて袋に突っ込むのは御法度《ごはっと》。着用による劣化は同じであっても、なんだか傷んだ印象になるし、査定をしてもらうための礼儀と心得よう。

・シミやほつれは、こちらから申告。「そんな、わざわざ商品価値を下げるようなことを」と思われるかもしれないが、向こうはプロ。黙っていたってどうせわかる。それよりも先に言って、信頼度を上げるほうがいい。

・私の経験では、服ならばタグ付き、服よりはバッグのほうが、高く買い取ってもらえる。

それでも持ち込むのがはじめての人は、安さに驚くとは思う。そこで買い取ってもらうのをやめるかどうかはむろんそれぞれの判断だが、そのときの判断基準として、買ったときの値段との比較より、「それがクローゼットの中にあり続けることのプレッシャー」と比較しよう。

そして何より、人からお金をいただくというのはたいへんなことなのだ。私の仕事の原稿でいえば、一文字も書かなければ一円だっていただけない。それを思うと、一文字も書かずに、ただ家から店まで運ぶだけで何千円かいただけるのはすごいことだ。

ここまで述べたコツを振り返ると、社会生活一般とそうそう変わりないのかもしれない。服の整理といったモノとの付き合いのうえでも、「人付き合いの力」がものを言いそう。

＊先手の自己申告で信頼してもらう。
＊モノとの付き合いを「人付き合いの力」で解決。

「共感力」でゆるくつながる

50歳を過ぎたあたりから、人付き合いが以前ほどきゅうくつでなくなってきた。

思うに、若い頃はどうしても、互いの「違い」が気になるものだ。

家庭環境、経済状況、自宅かひとり暮らしか、親からの援助があるかどうか、職業、勤め先、未婚既婚、子どもの有無など、今にして思えば小さな違いから、話が合わないと感じ、あるいは合わないだろうと考えて、疎遠になってしまいがちだった。

でも年を重ねていくうちに、いろいろな経験をする。病気、介護、親や伴侶との死別、離婚、不幸にも子どもを亡くしてしまった人もいる。遭遇した出来事はそれぞれだが、誰もが苦労や、なんらかの喪失、挫折《ざせつ》を積み重ね、若いときとは比べものにならない「共感力」を蓄えているのが50代だ。

それに、どんなにモテた人だって、50代ともなるとさすがにシワ、たるみも増える。容貌は平均化し、衰えの哀しみと諦《あきら》めみたいなものを誰もがそれなりに抱えている。小さな差異にとらわれて悩むのが正直ばからしくなる。そんな心境から再びつながることができるのだ。

学生時代にありがちな、ランチもトイレもいっしょに行くといった間柄の友人を作ることはこの先ないと思うけれど、それとは別の、いわゆる大人の付き合いができそう。互いを束縛しないよう、相手の触れられたくないだろうことに触れないよう配慮し合いつつ、ほどよい距離感で付き合っていく。そうした、ゆるやかで浅いつながりだ。

私はまだ使ったことがないけれど、同世代の人からは、ＳＮＳを通じて友人たちとつながっているという話をよく聞く。互いの近況について日々の投稿で知っているので、会えば昨日の続きのようにお喋りができ、ときには共感の涙を流すほどの近しい仲になっているという。

私のゆるいつながりといえば、月に一回参加している句会の人たちだ。月に一回とはいえ、気がつけば、お付き合いをはじめてもう五年以上。

困ったときに電話をし、助けてもらうような間柄ではない。メンバーの誰かが入院したらしいと聞いても、病名を尋ねず、御見舞いに行くこともないけれど、「すみやかなご回復をお祈りし、また句会でごいっしょできる日を心待ちにしています」とメールする。復帰して、その人の顔が見えるとほっとする。

詮索《せんさく》はしないけど常に気にかけ合って、いっとき離れたとしても、いつでもまた戻っていける、迎え入れてくれると信じられる。そうした場のあることは大きな安心感になる。

句会では下の名前で呼び合うし、俳句に人となりが出るから、その意味では、ゆるやかで深い関係かも。

仕事人間の私は、40代半ばまでこれといった趣味はなかったし、趣味の集まりってちょっと面倒そうとさえ思っていた。でも今は、句会は仕事と同等の用事として手帳に書き込んでいる。そして頑張ってできる限り参加する。
このつながり、大事にしていきたい。

＊誰もが苦労や挫折を積み重ねて共感力が豊かになっている。
＊いつでも戻っていける場があることが安心感につながる。

相手のミスには余裕を持って

人と接していて「えっ？……」と思うことがときどきある。先日はセルフサービスのカフェで。

レジ前に六人ばかり並んでおり、店員さんが列にいる人に順番にメニューを示し、先に注文をとっていた。私はここでお昼をとらないと食べ損なってしまうことに。でもメニューにはフードは載っていない。

「肉以外のサンドイッチってありますか。サーモンとか？」

店員さんに聞く。以前そこでサーモンサンドを食べたことがあるが、次のときはエビサンドに変わっていて、常にあるメニューではないらしい。私のところからショーケースはまだ見えない。

若い女性店員さんは、はつらつとした笑顔でこう言った。

「サーモンはお肉です」

私は一瞬、どう理解したらいいかわからず、

「えっと……サーモンて鮭ですよね」

「はい、サーモンはお肉です」

？？

「サーモンと何か肉がひとつのサンドイッチに入ってるんですか？」

そう聞くと、

「お肉がサーモンで、他にアボカドが入っています」

私はようやく察知した。彼女の分類では「動物か植物か」イコール「肉か野菜」で、それにのっとれば鮭も「肉」なのだ。しかし、ふつうレストランで肉といえば、「牛か豚か鶏」なのでは……。

が、こちらが正しく相手が間違いであるかのように、言い張ってもはじまらない。さきに書いたように今のセルフサービスのカフェの商品構成は複雑で、慣れない私はたぶん注文の際、分類違いみたいなことを言っており、店

員さんにさりげなくフォローしてもらっているのかも。

年をとるとそれなりに社会経験は積んでおり、職場などで叱られる経験も重ねているものだから、それに照らし合わせて「これってあり？」と、人に対してついつい厳しめになりがちだ。

「私の基準では、これはないな」と。

たとえば細かいことで気が引けるが、領収書を字が逆の向きで渡すとか。注意するのが親切だし、年かさの者の義務、という考え方もあるだろう。しかし、ことによりけりだけれども、老後に向かう一般的な心構えとしては、「えっ？……」と思うことに、いちいち過剰反応しないほうがよさそう。

人のミスも、ひどくは責めない。

先日は業者から電話で、口座番号を再度尋ねられた。手続きをしたが振り込めなかったので、確認したいとのこと。私は内心（そんな、自分の口座番号間違うわけないでしょ）。

それには前段があり、その業者の商品で購入したいものがあり、在庫ありとのことなので代金を先払いした。が、在庫は実はなくなっており、商品を用意できなかったのだ。そんないきさつがあるものだから、今度も向こうのミスに違いないと思い込んでいた。

「私は番号を何とお知らせしたでしょうか？」

ややつっけんどんに聞いて、びっくり。口座番号とよく似た、携帯電話の番号の下七桁《けた》を言っていたのだ。

「申し訳ありません、私のミスです」

電話口で謝りながら、危なかったーと胸を撫で下ろす。つっけんどんをやや、やくらいにとどめておいてよかった、相手の最初のミスもあまりひどくは責めなくてよかったー。

言うべきことを言う必要はあるものの、同時に「私もミスをする」という前提のもと、「お互い様」の心を忘れないようにしなければ。

そうした余裕を持つことも、身につけたい「おばさん力」のひとつである。

もちろんこれはその業者に先払いしているという、先述のいきさつがあってのこと。口座番号を聞く詐欺もあるので気をつけて。そしてどんなケースでも暗証番号はけっして教えないように！

*自分の基準と違うことに過剰反応しない。
*自分もフォローしてもらっていることを忘れずに。

50代からのきょうだい付き合い

年をとると、きょうだい付き合いも変わってくる。何カ月かにいっぺんは兄、姉と誰かの家に集まるし、姉とは同性同士の話題もあり、三日にあげずメールなり電話なりをする。

昔からこれほど親密だったわけではない。

子どもの頃は、幼稚園、小学校でできた友だちとのほうがよく遊んだし、思春期以降はあまり話をしなくなる。仲違《なかたが》いをしていたわけではないが、いわゆる自我の確立というものにそれぞれ忙しく、同じ家に暮らしながらもほとんど没交渉だった。思春期はどんなきょうだいも、多かれ少なかれ似たようなものなのでは。

親の家を離れると、正月くらいは集まるけれど、ふだんは何かあれば親を通して伝えるようになんとなくなっていた。

が、母が亡くなり、父の衰えを感じてからは、そうもいかなくなる。

介護がはじまってからは特にそうだ。はじめは、兄と父の住む家に姉や私がときどき行く方式をとっていたが、それでは心もとなくなり、私の家から近く、兄も姉もまあまあ通える場所に、父の住むマンションを用意して、そこで介護をすることに。

その家のローンを払うのに、私はそれまでと同様かそれ以上に働き、その間の介護は、兄と姉、姉の息子たちが分担してくれた。

私は仕事を続けられることをきょうだいたちに感謝し、きょうだいたちは家を用意したことを私に感謝してくれた。私は「場」を提供し、私にとっていちばん捻出《ねんしゅつ》するのが困難な「時間」を彼らが提供してくれた。

互いにできることとできないことがうまくかみ合い、自分のできないことを相手がしてくれているという気持ちが私にはあったし、きょうだいたちからもそう言われた。

親が元気で、きょうだい間のいろいろなことの調整を親任せにしていた頃は、「親が亡くなったらどうなるんだろう」と思うこともあったが、実際には疎遠になるどころか、五年間の介護の間につちかわれた連帯感で、再び結び合わされた感じだ。

むろんきょうだいだから、互いのよいときのことも、そうでないときのことも知っている。が、そうした思い出の一つひとつを掘り下げて語ることはしていない。それをしなくても、懐かしさですべて包み込むことができる。これが大人のきょうだい付き合いかも。

介護の効用だけでなく、年の功もあるだろう。私はフィギュアスケートの競技を応援しているのだが、浅田真央選手と姉の舞さんとの関係を見て、そう思う。

舞さんも選手だったが、妹があるときからどんどん上達し、世間に注目され、親の関心も真央選手中心になっていったとき、心が荒れて、家でも妹と口をきかない時期があったという。テレビでその話をしていて、「真央なんかいなければいいって思っていたかもしれないけど」と真央選手が言うのには、驚いた。

二人ともまだ20代。その若さでは、10代での確執の記憶はまだ生々しいものであり、いちど腹を割ってすべてをさらけ出してからでないと、前に進めないのかもしれないなと。

その和解の儀式は、ときに血の出るような痛みを伴うものであろう。50代での関係の結び直しは、必ずしもそうした儀式を通らずにすむような気がする。家族の歴史はそれぞれだから、ひと括《くく》りには言えないが。

誰よりも長い時間を共有し、他の人との間ではあり得ないケンカもし、いい面も嫌な面も知り尽くしている。取り繕う必要のない安心感が、きょうだいにはある。

わが家の介護の話を知った20代の仕事関係者は言った。

「きょうだいで力を合わせて介護なんて……私には無理かも。兄と今、会話なんてほとんどないもの」

いがみ合っているわけではないが、仕事も趣味も違い、接点がなさすぎて、食事の時間も互いになんとなくずらすくらいだと。

「今からそんな心配しなくてだいじょうぶよ」

と私。若いときは、苦手意識があるくらいで自然。介護をする段になったら変わるし、そうでなくても時が関係を変えていくのだと思う。

＊きょうだいの関係は時とともに変わり得る。
＊親の衰えや介護は、大きなきっかけになる。

第 2 章

一〇年後のために暮らしを整える

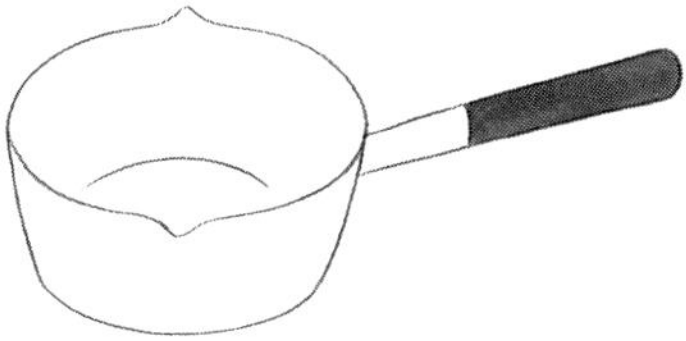

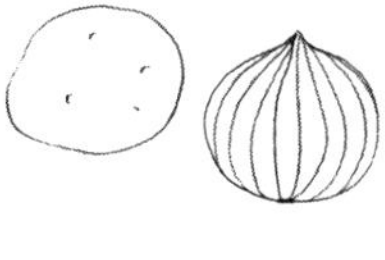

便利なはずのロボット掃除機だったが……

「今はだいじょうぶでも、この先、一〇年後はどうだろう」と、ふと考えることが増えてきた。たとえば掃除機。ロボット掃除機を使っていたが、最近になってスティック掃除機に買い換えをした。

ロボット掃除機は家事の省力化を図って導入した。が、一〇〇パーセント勝手にお掃除してくれる、というものではなく、掃除してもらうための〝お膳立て〟の手間が要る。

床の上のものをどける、それ以上先へ行かないための壁を設ける……などの事前の準備だ。

それらのためには立ったり座ったり、持ち上げたりの動作が必要。あるとき「この動作にかかる時間で、スティック掃除機なら掃除が終わってしまうのでは」と思ったのだ。

ロボット掃除機と併用していたのが、昔ながらのほうきとちりとり。こちらのほうは、ロボットを走らせるほどでもないな、という部分的なほこり対策にさっと掃くのに役立てていた。が、これもスティック掃除機に代えられる動作。なおかつ、ちりとりで集めるプロセスがなくなるぶん、時間も手間も節約できそうだと。

実はロボット掃除機の前には、吸引力に定評のあるキャニスター掃除機を使っていたが、こちらはコードの出し入れや取り回しに難点があった。掃除機をかけようとなると、コードを引っ張り出す、プラグをコンセントに挿し込む、さらに別の部屋にまで移動するとコードが足りなくなりコードを抜く、別の部屋のコンセントに挿す、そのうちドアにコードが挟まったのを直しに行く。

最後はコードをしまい、大きく重たい本体を玄関のシューズボックスの一角に押し込んで収納しなければならない。

年齢とともに、そうしたことをこなす腕力も体力もなくなってくる。

そんな経験もありロボット掃除機に買い替え、最初は楽になったとよろこんでいたが、しだいに〝お膳立て〟が面倒になってきた。怠け者といえばそのとおりなのだが、この先さらに力がなくなっていく老後を考えるとどうか？

そんなところへスティック掃除機の評判を聞いたのだ。

家電店で下見。スティック掃除機で吸引力が高いとされるのは某社だが、モーター部分が上。掃除の間ずっと、その重みを手で支え続けるのはしんどそう。

別件でメールをやりとりしていた同世代の女性に、メールでこの話題を出すと、おすすめの商品があるという。猫と暮らしている人なので、毛が抜ける関係から、掃除機についてはヘビーユーザーなのだ。

再び家電店に行き、おすすめのものを実際に自分の手で動かしてみて「よし」と決めた。

結果、スティック掃除機に替えてから、ほぼ毎日かけている。

廊下の隅にほこりを見つけたらさっと掃除機。お客様が来る前には、ほこりが目立ちやすい紺色の絨毯《じゅうたん》の上をさっと掃除機。一回で家全体をきれいにするのは体力的にしんどいときも、途中でやめる自分を責めず「部分部分をこまめに掃除機をかければ、トータルできれいに保てる」と思うようにしている。

コードはなく充電式で、フル充電にしてからの運転時間は「弱」なら四五分、「強」なら一六分。六〇平方メートルの家全体にかけるとどうかなと思ったが、ゆうゆう間に合う。これまでの掃除には、プラグの挿し直しや家具の移動などの時間がかかっていたが、それらをカットできると十分満足な運転時間である。

気になる重心は、こちらはモーター部分が下にあるため低く、重さを床が受け止めてくれて、手で支える負担感はない。

使わないときは、寝室の隅に立てて充電する。ボディがカーテンと同系色のものを選んだので、カーテンのそばにあると目立たない。カーテンをかぶせてもいい。

＊ロボット掃除機は〝お膳立て〟の手間が案外かかる。
＊掃除機は吸引力だけでなく、使い勝手も大事。

憧れのホウロウ鍋、問題は重さ

「いつまで使えるかな」と最近思いはじめているのがフランス製の鋳物鍋。鉄とホウロウでできた分厚い鍋で、煮魚がおいしく仕上がるのはたいへんありがたいのだが、問題はその重さ。いちど量ったら鍋だけで四キログラムくらいあった。

フライパンと違って、料理中は頻繁に動かすわけではないので忘れているが、洗う段になると「こんなに重かったっけ」といちいち驚く。洗剤を流すため、持ち上げてひっくり返すと、重みが腰にまで響く。片腕に抱き、もう一方の手で拭きながら、「これを足に落としたら痛いだろうな」と想像する。

炊飯器も同様だ。前に使っていたものは内釜が土鍋で、おいしく炊き上がることはありがたいが、洗ったりすすぐときに、やはり重さがこたえて、結局は買い換えた。

取り回しの負担感や重さのために買い替えた掃除機と同様、調理器具に関しても、洗ったり片づけたり、といった「使い勝手」と「おいしさ」との両立の難しさを感じることが増えている。

両立の成功例は、魚を焼く「フィッシュロースター」（パナソニック）だ。以前はキッチンに備えつけのオーブンを使っていた。アジの干物一枚焼くにもオーブンを使い、そのたび天板を取り出し洗うのだが「干物一枚におおごとすぎない？」と感じていた。フィッシュロースターが便利、と教わり購入して、以来日に少なくとも一回は使うという活躍ぶりだ。

高機能の電子オーブンレンジでも、魚は焼けるのだろうけど、多彩な機能を自分は使いこなせるのか、そもそも分厚いトリセツ（取扱い説明書）を読み、干物の焼き方まで辿り着くことができるのかと考えると、購入には至らなかった。

このフィッシュロースターは火加減の調節要らず。時間がきたらひとりでに止まるので火事の心配要らず。アルミホイルに載せて焼けばトレイを洗う手間も要らない。

一〇年、二〇年先の料理は――と想像するとき、思い出すのは母のこと。73歳で亡くなった母は、かつては料理でも縫い物でも気の遠くなるような細かい作業をこなした。コロッケひとつ作るにも、玉ネギの「超」のつくほどの細かいみじん切りから、茹《ゆ》でたジャガイモの裏ごし、小麦粉をバターで炒めたベシャメルソース作りと、すべて手作業で行っていた。

が、年をとってからはコロッケを作らなくなった。「ものを刻むのが億劫で……。無精になったものだわ」と笑っていたが、体力の問題なのだろう。

少しでも楽になればと、千切りやみじん切りなど多彩な機能付きのフードプロセッサーを贈ったところ、ありがとうと言ってはくれたけど、結局は使わずじまい。

年をとると、新たな機械をイチから使いこなすのはそれはそれでたいへんなのだと、今の私ならよくわかる。

慣れた方法でするか、それともしないか、の二択になることがこの先増えていきそうだ。

それでも「おいしい」の追求は、ずっとあきらめないつもりでいる。

＊鍋の選択は、洗うとき、しまうときのことも考えて。
＊多機能な家電は、ずっと使いこなせるかどうかも要検討。

楽して元気に生きるための食事作り

フィッシュロースターで魚を焼くのが楽になったと書いた。が、料理は主菜の一品を作って終わりではない。健康のためには一汁三菜が理想だ。副菜の野菜料理にも、フィッシュロースターがたいへん役に立っている。

主菜と別に煮炊きするのではなく、魚とともにアルミホイルの上に並べて、いっしょに焼いてしまう。フィッシュロースターは、一般的なガス台についている魚焼きグリルよりも面積が広いのと、直火より熱の通り具合が安定しているのも助かる。

年齢を重ねていくことを意識したときに、やはり料理の手間は、減らせるところは減らしていくに限る。

冷蔵庫でだけれどぬか漬けを漬けているのも、面倒なときはこれで野菜一品になるからだ。有機無農薬野菜を食べているというと、「あー、健康に意識的で環境のことも考えている私ってわけね」と揶揄《やゆ》する向きもあろうけど、私にすればこれも手抜きの一方法。

農薬を気にしてていねいに洗うといったことをしなくてすむ、少ない量でたくさんの栄養をとれる、味が濃いのであれこれ手をかけなくても茹でるだけでおいしいなど、手抜き要素がいっぱいなのだ。

野菜を茹でたくらいなら、鍋もさっと水洗いだけですむ。

一汁三菜の「汁」については、面倒なときは「カップみそ汁方式」で。削り節、岩のりまたはワカメを器に入れてお湯を注ぐだけで完成。乾物のネギやキノコ類、同じく乾物の湯葉や麸《ふ》があれば、さらによし。器も木のお椀ではなく陶器や磁器だと、食洗機に入れられてさらに楽だ。

みそ汁を飲むのにご飯茶碗みたいな磁器なんて許せない人もいるかもしれない。が、手抜きをするポイントと、常識にとらわれないこと。もっと言えば、常識を捨てる。

みそ汁は具を包丁で切ってお鍋で作るもの、漆塗《うるし》りのお椀でいただくもの。そうした常識の縛りから自分を解き放たない限り、楽になるのは難しい。

料理が嫌いではない人でも、年齢とともに台所仕事がおっくうになってくだろう。そのときいきなり、「これからは、外食か」とか「中食《なかしょく》――店でお惣菜を買ってくるか」という選択肢にいかなくても、それまでの料理の決まりごとをはずしてみる、という方法で対応できるのではないだろうか。

さきに書いたように亡き母は細かい作業を厭《いと》わなかった。ピラフひとつとっても具にする玉ネギ、ニンジン、椎茸《しいたけ》を米粒くらい小さく刻む。母は昭和元年生まれ。娘時代がちょうど物資のない頃で、戦後世の中が少し豊かになってきたとき、東京會舘の料理教室で洋食を学んだという。

母にとっては、そこで覚えたものがすなわち洋食。私が社会に出てから喫茶店で食べたような、米粒よりはるかに大きな具の入ったピラフなんて母のピラフ像にはなかっただろう。

コロッケも先述のように、小麦粉とバターを炒め、ジャガイモを茹でて裏ごしするところからはじめる。世の中がさらに豊かに便利になって、ホワイトソースの素とか水で練るマッシュポテトとかが商品として現われても、母は知らなかったか、知ったとしても使おうとは思わなかったようである。結果、コロッケもピラフも、晩年の食卓からは消えていった。

そんな母が今の私の料理を見たら、あまりの雑さに仰天するだろう。ご飯茶碗にお湯を注いでみそ汁だなんて。「生きているうちに家事修業をさせておけばよかった」と草葉の陰で嘆いているかも。

母に対しては気が引けるが、楽に元気に生きるためと許してもらおう。

＊常識を捨てれば料理の手間はかなり減らせる。
＊いきなり「外食」「中食」にいかず、手抜きで対応する。

炊飯器を小さくして気づいたこと

炊飯器を三合炊きのものに替えた。

それまで使っていたのは五・五合炊き。特に不満はなかったのだが、だんだん調子が悪くなってきて買い替えようかと思うように。

こういうときの私の常で、熱心に情報を集める。

ネットで調べ、実物を見ようと家電屋さんに行ってみると、主力商品は五・五合炊き。三合炊きは目に入らないような場所にひっそりと置かれている。

ふと考えたのは、「ひとり暮らしの私、二合以上を炊いた回数は過去に何回あっただろう」ということ。これまでも数えるほどしかないのだから、これからも同じに違いない。

また、炊飯器のことを調べるうちに「ご飯を炊くときは、炊飯器の容量の八割ぐらいの分量で炊くといちばんおいしい」という記述を目にした。つまり、大は小を兼ねないのだ。

確かに、いつも五・五合炊きで二合のご飯を炊いてきたが、炊きあがってフタを開けると底のほうに平たくくっついていて、ふっくらした感じではない。上の空間が大きいぶんだけ、冷めるのも早いような気がする。

そんなこんなで三合炊きを買ってみた。おいしく炊き上がるのはもちろん、洗うのが嘘のように楽。私、おままごとをしているの？　と思うくらい軽くて簡単なのである。場所もとらず、移動も楽ちん。

顧みればずっとひとり暮らしの私だが、家電選びのときは何となく、親やきょうだいと暮らしてきた記憶をもとにしてきた。炊飯器なら「炊飯器とはこれくらいのサイズ感」というイメージで。今回はじめて、そのイメージを脱却した。

家族と暮らしてきてシングル・アゲインとなった人も、思い切って暮らしまわりのモノのサイズダウンを検討すると、「このほうが楽」「快適」「楽しい」という発見があちこちであるかもしれない。身近なものではシャンプーボトルも、コンパクトなものにしたほうが扱いやすい。重いのがだんだんにこたえるようになる年齢だから。

サイズダウンの関連では、気を抜くとたまってしまう本も、定期的に見直している。

スライド式の書棚二つに収めているのだが、詰めすぎてスライドの動きが悪くなったな、と感じるとまとめて処分する。

好きだから、あるいはだいじなテーマだから読み返すはず、と思うものは保存。ただ、それだとすべてを保存したくなってくるので、「必要になったらまた買うことができる」あるいは「買えないかもしれないけれど図書館に行けばある」本は、手放すよう心がける。

かつては古本屋さんに家に来てもらうのが、なんとなく気詰まりで、自分からスーツケースに入れ持っていっていた。が、しだいに体力的にきつくなる。集荷を宅配便でしてくれる業者に頼んでみたら、とても楽。

今後もサイズダウンできる箇所や、そのための方法がいろいろありそう。探しがいがある！

＊五・五合炊き炊飯器で二合以上炊いたことはほとんどなかった！
＊思い込みをはずして暮らしまわりをサイズダウン。

衣類管理は省エネで

衣類の手入れや管理に関しても、一〇年後を意識して「省力化」につとめている。

まずシミ。シミは時間が経《た》つほど落とすのがたいへんになると、これまでの短くない人生でほとほと思い知ったので、食べこぼしなどの汚れがついたら、つけた瞬間「ここだな」と位置をしっかり見ておく。

洗濯の前に台所用洗剤を多めにしみ込ませて、こすり合わせる。こするのが面倒なら、そのまましばらく置いておく。これだけで汚れ落ちがめざましく違う。

タオルで上下を挟んで軽く叩き、下のタオルに汚れを移すといいと言われるが、「手間が面倒だな」と思って何もしないより、とりあえず台所用洗剤をつけよう。

食べ物の汚れには台所用洗剤なのだ。

シワについては、なるべくアイロンをかけなくてすむようにしたい。それにはそもそもの服を買う段階で、素材選びに注意する。

売り場の若い店員さんは、私の経験では概して素材に無頓着だ。質問しても正しい答えが返ってくることはほんとうに少なく、自分でタグなどを確認したほうが早い。

ただし字は細かいので、老眼鏡を持っていくのを忘れずに。

レーヨン素材は、私の経験では昔ほどではないとはいえ、やっぱりシワになりやすく、その素材の服は色や形が好きではあっても、結局リサイクル店に持っていった。

シミ、シワなんて、お肌の話みたいになってしまったが、メンテナンスがたいへんな服は、おのずと手にとる回数が少なくなり、ローテーションからはずれていく。

衣類といえば、少し前まではほんとうにおっくうだったのが、夏と冬の衣替え。衣替えはするもの、季節の服以外はしまっておくもの、という常識から長年逃れられずにいた。衣替えのシーズンになると「ああ、今度の週末こそしなくては」とプレッシャーを感じるのだ。

そのプレッシャーから解放してくれたのは、保管付き宅配クリーニングである。

私が利用しているのは冬物のみだ。ダウンコートを中心に、一〇点で一万円＋消費税、二〇点なら一万五〇〇〇円＋消費税。ダウンコートも入れられてこの価格はかなりお得感がある。しかもシミ抜きは無料。裾のほつれなどのちょっとした修繕も有料だがしてくれる。家に置くのと違って、保管中虫がつくという心配もない。

冬物なので、毎年五月にまとめて送る。返送時期は自分で選ぶことができる。私はいつも一〇月下旬。宅配で届いたら、夏物のワンピースのあったポールにかける。夏物ワンピースも詰めれば同じポールにかけておけるが、衣装ケースがせっかくあるのでしまっている。

これが唯一、衣替えらしい作業だが、夏物ワンピースは薄いので、平べったいケースが三つもあれば十分。なおかつ軽い。出し入れの負担はほとんどない。

収納スペースが限られるわが家にとって、保管付き宅配クリーニングは大助かりのサービスである。

＊保管付きクリーニングで衣替えのプレッシャーを手放す。
＊扱いやすい衣類選びは、服を買う段階の素材チェックから。

ストレス知らずのクローゼット

朝起きて、「さあ、今日は何を着ようか」とクローゼットの扉を開ける。この瞬間、目に入ってくる視覚情報は大事だと思う。

以前はクローゼットを開けたとき、最初に目に入る位置に確定申告の書類があった。確定申告に要したレシート類は、七年間保管する義務がある。置き場に困り、手近なところに突っ込んでいた。

やむなき措置とはいえ、毎日毎日、朝一番に見るのが、詰め込んである書類（しかも税金関係の！）とはいかがなものか。

思い立って、このいちばん目につくところへ、ポップな花柄で明るい色の布張りのかわいい裁縫箱を置いてみたら、開けた瞬間の気分がまったく違う。同様の裁縫箱をいくつか買ってしまった。

それらの中には腰痛の貼り薬や熱冷ましシート、未使用の防虫剤など、「かわいい」とは無縁の品が入っている。ひとつにはアクセサリーを収納し、容《い》れ物と中味が合った状態に。

クローゼット内のもっとも出し入れしやすいところを裁縫箱が占めていて、空間の使い方としては無駄だが、見て楽しいことを優先。

クローゼットの左右には、服をかけるポールがある。左側は上下の二段あり、上はジャケットやチュニックなど丈の短めのもの。下はスカートやパンツをかける。右側はワンピースやコートといった長めのもの。

「車間距離」ならぬ「服間距離」をほどよくとってかける。ぎゅうぎゅう詰めだと互いに押し合いシワになりやすいが、隙間があるとシワになりにくく、服が目に入りやすく、取り出しやすくもある。

カットソーやニット、ワンピースでもシワになりにくい素材のものは、たたんで収納。引き出し式の衣装ケースに色別に入れる。色別だと、その日の気分で選びやすい。

たたんだものを立てて並べているので、何があるかはひと目でわかる。上下に重ねて収納すると、どうしても上のものばかり着てしまい、下のほうの服は忘れがちだし、いざ出してみると重みで押されてシワシワで「また今度」という悪循環に陥る。

インナーやソックス、タイツ、レギンス類もベッド下の引き出しに、同じく立てて収納している。

この収納の仕方にしてからは、服を限られたスペースに収められるようになった。限られたスペースに入りきらなくなったとき、具体的には、ポールにもかけられず、衣装ケースにも入れにくかったり、出してみたらシワがきつめについていたりして、「服間距離」が狭くなったと感じたときは、「ベストな量を超えたな」と判断。処分する服を検討する。

多すぎるなと感じているのがバッグ類。クローゼット内に収まってはいるけれど、天井近くの棚に並べてあり、脚立に乗らないと届かない状態。

脚立の上り下りがいつまでできるかを考えると、そろそろ減らしどきかもしれない。

＊クローゼットの最初に目に飛び込む位置に、好きなものを。
＊洋服のシワ予防には「服間距離」を適度にとること。

買い物は通販サイトを上手に活用

老後に向けて、そろそろモノを買い控えてもいい年代のはずなのに、正直、買い物は好きである。

40代では、今思うと和食器をよく買っていた。結果、数が増え「こんなに持っていても使いきれない」と気づいたとき、欲求はストップ。しまいっぱなしのものはリサイクル店へ持っていき、出し入れしやすい量に減らした。洋食器もリビングのカップボードに収まらないぶんは買わないと決めたら、たまにカップが欲しくなるぐらいにとどまった。

最近買っているものといえば……身につけるものは、まだちょくちょく買ってしまっている。「まだ」というより、俳句のテレビ番組に月一回出るようになり、そのための服が必要という、買い物を正当化する言い訳ができてしまったのだ。

年齢を重ねて、趣味や着心地などについての好みが定まったから、あるものだけで回していけばいい——とは現実としてならないのは、クローゼットにも新陳代謝が必要なのかも。

私の買い物の仕方として、メインになっているのは通販だ。

店に行く時間がないから、というのが通販にした理由だが、今や逆転している気がする。通販の買い物をやめれば、睡眠時間はもっと増えて、肌の調子もよくなるのではと思うくらい。

というのも、通販のサイトを見るのは、肌のゴールデンタイムといわれる夜の時間。昼間はさすがに仕事中のため、パソコンにバナー広告がちらちら出ても「今は相手をしていられないのよ」と無視する。寝る前、たまっていたメール処理をすべてすますと、一日を終えた気の弛《ゆる》みでつい開いてしまうのだ。

「通販って、サイトも商品もありすぎて、何を買えばいいかわからなくない？」という人もいよう。私がよく買うのは、レギンスと履きやすい靴だ。

「レギンス？　それだって何万件と出てくるじゃない？」

たしかにそう。しかも何となくクリックすると、九頭身ありそうな若いモデルさんがもっのすごい細長い脚にはいていている写真のサイトにいてしまうなどして、無駄の多いこと限りない。

欲しいものにいち早くたどり着く、そのための必勝検索ワードというべきが「大人の」というワードなのだ。「レギンス」に加えて「大人の」、さらに「40代から」と入れると、表示件数はとたんに絞られ、目的の商品に近づける。

下着なら私の場合、「股上深《またがみ》め」とか、ブラなら「ワイヤーなし」など。自分がよく買うものの共通項、必要とする特性を熟知した年代だからこそのスキルかも。

履きやすい靴では、その検索方法で出合ったサイトの商品が気になって、店舗もたまたま行ける範囲にあることがわかり、実際に行って履いてみることにした。履き心地やサイズ感を確認できたので、その後は通販で。

店舗で現物を自分の目で見て、試着もしてから通販で買うことが私は多い。持ち帰る労力を省けることもさりながら、店舗だと、サイズはいいのに自分の欲しい色だけがない、という残念なことがよくある。通販はそれがなく、在庫も概して店舗より持っている。

靴だと返品の可能なサイトも多いので、家での試し履きができる。返品の送料はかかるけど、店舗に行く時間と交通費とを思えば、同じか、お釣りがくるほどだ。

私はどうやら、探すのが好きなようである。サイトには使い勝手の悪いものもあり、「レギンスひとつ買うのに、なんでこんな面倒なことしなきゃならないのか」と自分では思っているけど、人に話すと、「それはやっぱり好きだから。でなきゃ、しない」と言われる。

商品に辿り着く過程も楽しみのうち？　そうかも。

「こういうものなら、たぶんあのサイトで探せばある」と使いこなせるようになると、さらに面白くなるけど、いけない、いけない、ほどほどに。賢く利用すれば、味方になってくれる通販。ただし梱包を解いて古紙回収に出す手間は、店舗で買う以上かも。

＊通販は、検索ワード「大人の」を駆使する。
＊実店舗で試着してから、サイトで買うのも一方法。

スマホ、パソコンとどう付き合う？

スマホもパソコンもどんどん進化しているらしい。情報機器が日々発達し、二〇年、三〇年先はいったいどうなっているのかと、想像すらできない。

私が携帯電話のメール機能をようやく使いはじめたのは五年ほど前だから、いかにアナログかを物語る。それもショートメールのみ。

それまでは携帯電話を持っていても、通話にしか使用しなかった。父親が入院し、付き添いや家に持ち帰っての洗濯を分担している姉と頻繁にやりとりしないといけなくなって、病室では通話ができないため、必要に迫られショートメールをはじめたのだ。

その後も、いわゆる〝ガラケー〟を使い続け、特に不便は感じていなかったが、出張で三日ぐらい家を空けるときなど、その間パソコンに届く仕事のメールをずっと放っておくのもどうかな、と思えてきた。

知り合いによれば、ガラケーでもパソコンに来るメールを読めるようにはできるが、添付ファイルを読むならば、スマホのほうがおすすめとのこと。携帯が充電してもすぐ切れるようになってきたこともあり、買い替えを決意し、携帯ショップへ向かった。

機種の選び方が全然わからない私。案内係の人にまず、自分が必要としていることを伝える。

「スマホで音楽を聴いたり動画を見たりはしません。通話とパソコンのメールを見ること、この二つをなるべく簡単にできる機種を教えてください」

するとすすめられたのが、シニア向けのらくらくスマートフォン。

この機種、画面の文字が大きく、日本語で書かれて、たしかにやさしそうではある。が、帰宅後ひとりで、画面の指示どおり設定を進めていっても、パソコンのメールを開けるようにならない。

パソコンに詳しい人にお礼をお支払いすることにし、設定に来てもらったが、その人も四苦八苦。一時間以上かかってしまった。

シニア向けに作られていて一般のと違い、設定がかえって難しかった。次からはごく一般的なもの、メーカーが中心的に売っている機種を買ったほうがいいとのアドバイス。意外だった！

パソコンは、日々の原稿書きや調べ物に欠かせないツールである。それなしに生活が成り立たないことは、私にとってはスマホ以上だ。

こちらは知り合いの詳しい人に頼む、といった時間的余裕はないので、リモートサポートサービスに入っている。月々一〇〇〇円弱の会費で、午前九時から午後九時までの間なら、トラブルが起きて電話すれば、三六五日対応を受けられるというものだ。

このサービスを利用することになったのは、パソコンのデータが消えてしまったときに「パソコン110番」のようなものを調べて電話し、出張サービスに来てもらってから。データは無事復元でき、そのとき「こんなサービスもありますよ」と教えてくれた。

データ消失以外にもたとえば「ウィンドウズ10のインストールを、私は許可したおぼえはないのに、パソコンが勝手に始めて、その間仕事が全然できなくて、とんだ営業妨害です」みたいなときも、電話口でサポートしてくれる。

パソコン買い替えの相談にも乗ってくれるし、私のような情報機器にうとい人間には、とても助かる（向こうも、私のような人間がいるから商売が成り立つのであって、お互い様？）。

電話サポートを実際に受けてみると、知り合いに家へ来てもらうより楽な面が多い。相手の都合に合わせなくてすむし、お茶の準備も要らないし、何回頼もうが同じ料金。

実際にはそうしょっちゅう頼むものではなく、平穏無事がずっと続くと、月々の会費が惜しくなってくるけれど、安心料と思って払っている。

今の時点ではこのサービスで満足しているが、パソコン事情も日々変わるので、不都合が出てきたら、その都度見直せばいいかなと思っている。

＊シニア向けスマホが使いやすいとは限らない。
＊パソコンのトラブルは、リモートサポートを活用する。

第 3 章

住まいは、
老後を考えながら
今を快適に

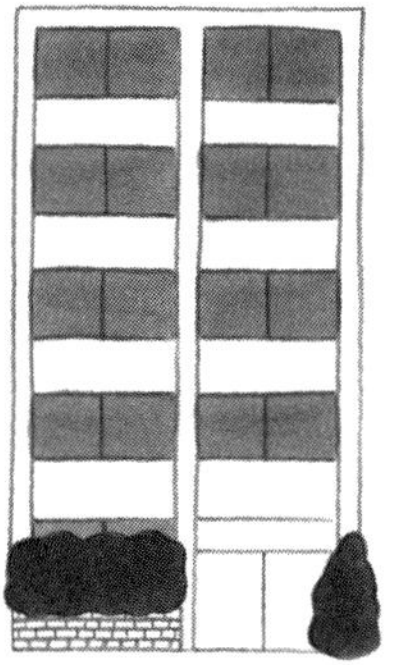

バリアフリーにする前にしたいこと

年をとっていくに向けて気になるのは、バリアフリー。どのタイミングで、どこまですればいいのか。

90代にしてなお自宅でひとり暮らしだった生活評論家・吉沢久子先生が、以前おっしゃっていたことには考えさせられた。家の中をバリアフリーにしたって、一歩外に出ればバリアだらけ。バリアフリーに慣れてしまうと、怖くて外へ出られなくなる——そのとおりだ。

今の私の家は階段こそないけれど、バリアはいっぱい。というか構造的に、危なっかしい体勢をしないといけない部分がたくさんある。体力が衰えていくことを前提に、掃除機をはじめ家電を買い替えている私だが、一方で、家電に頼れず、自分でせざるを得ない作業もまだまだ多い。

たとえば電球の交換。今住んでいる家は、マンションの割に天井がけっこう高い。30代半ばに購入したときは、「開放感があっていいわ」と思ったのだが、今、電球を交換するときは恐る恐るだ。

脚立《きゃたつ》の最上段に乗り、のけぞりながら作業する。電球を交換するたびに「この作業、いったい、いつまでできるのか」と思うようになった。

天井を低くすることは現実的でないから、とりあえず50を過ぎたとき、脚立のほうを買い替えた。三段の脚立を使っていたのを四段に。しかもいちばん上の段に腰を支えるバーがついている。三段の脚立の最上段で作業するより、こちらの脚立の三段目のほうが、ずっと安心感があると思ったからだ。

が、実際に使ってみると、シミュレーションの甘さを思い知らされる。

この脚立は、たたんで収納するとき省スペースになるものを選んだ結果、いざ乗ると、一段ごとの幅が前のものより狭いことに気づいた。

三段脚立時代は脚を縦にしても横にしてもゆうゆう乗せられたが、今度のは脚を縦に置くと、かかとが落ちてしまうのだ。

これが怖い。前と同じつもりで立つと、かかとを踏みはずし、後ろへひっくり返りそうになる。

段の幅に合わせて足を置き、かつ、滑らないよう冬でもわざわざ靴下を脱いでから、そして、万一、バランスを崩したときどこかにつかまれるよう両手を空《から》にして乗る、など細心の注意を払っている。真剣勝負だ。

逆に言うと、こわごわながらもできることを続けていこうと。そうすることが生活力の維持につながるかなと。費用は高いが「加圧トレーニング」で筋力を保とうと、涙ぐましい（？）努力を続けているのも、そのためだ。転倒は避けたいので、これまで以上に用心深く行動せねば。

他に対策をとれるとしたら、ＬＥＤ電球に替えて、なるべく電球交換の頻度を減らすことか。前に家電量販店に行って相談したら、リビングの電球だけでも三万二〇〇〇円になると言われ、ひるんでそれっきりになっている。ＬＥＤの出始めだったので、今はもっと安くなっているかもしれない。転倒リスクを下げるためにも、再度検討する価値はある。

電球が切れたときすぐに交換に来てくれるサービス付きのマンションがあるなら、引っ越しを検討する価値があるとすら思う。水漏れなどのトラブルも、同様だ。

マンションには管理会社があるけれど、水漏れなどが起こると管理会社に連絡し、管理会社は提携業者に連絡し、提携業者から私に連絡が来て、そこからは私と提携業者のやりとりだ。来てくれますか、いつですか、いくらになりますか、といった交渉はすべて自分でする。いつまでできるのだろう。

筋力のみならず、交渉のできる脳とコミュニケーション力を鍛えて維持していかないと。

＊家の中をバリアフリーにすると、外に出るのが怖くなることも。
＊電球交換は、安全性の高い脚立の買い替えやLED化で対処。

床暖房と段差問題

今住んでいるのは、マンションの一階だ。

とにかく冬、寒い。下から冷気が上がってくる。

床暖房は過去に何度も考えた。けれど、工事をするのがおっくうで「考えた」だけだった。年をとるにつれ寒さがひどくこたえる。ひと部屋だけでも暖かくしておきたい。リビングの床暖房を本腰を入れて検討しよう。

思い切って業者に見積もりに来てもらった。

業者さんの現地調査で難題が浮上する。このマンションの造りからして、床暖房の設備を入れるには、床を今より上げないといけないという。

するとリビングと隣接のキッチンや廊下との間に、段差ができる。

本来なら老後を見据え、住戸内のフラット化を考えるべき年齢なのに、わざわざ段差を作るとは！

が、よく考えてみると、段差のある暮らしがほんとうにつらくなるのはおそらく80代。父を見ていると80代半ばからだった。まだ三〇年もある。段差を気にして50代の今から三〇年間、毎年冬が来るたびに寒い、寒いと思いながら過ごすのって、どうなのか。

将来を心配する余り、今の住まいの快適さをあきらめるのって、どうなのか？

同世代の女性にこの話をしたらこう言われた。

「三〇年後には、室内用車いすも今より性能がよくなって、五センチや一〇センチぐらいの段差、平気で上り下りできるようになっているわよ」

あっけらかんとした答えに、なるほど、そういう考え方もあるかと。

その人がさらに言うには、段差が問題なのは、段差そのものもさることながら歩き方とも関係する。つま先を上げない。考え事をしていて、足もとへの注意がおろそかか、などだ。

私はこう見えて、とてもせっかちである。限られた時間内に、これをしなきゃ、次はあれを、と頭をいっぱいにして、効率よく動こうと常にせわしなく歩いている。その性格ゆえにつまずく危険は、今だって大。

心配すべきは、加齢に由来するリスクより、そちらのほうのリスクなのだ。寝ぼけていても要注意。床暖房にしても、朝なんてそうしたことを忘れ、ぼーっとしたままリビングへ行き、入口で思いきりつまずきそう。

もしほんとうに実施するなら、リビングの入口の目の高さに「足下注意」という貼り紙が、転倒防止に必要だろう。

＊三〇年後の心配よりも、今の快適性を選びたい。
＊段差のリスクよりせっかちな自分の歩き方が危ない？

いよいよリフォーム？　でもまだ早い？

リフォームは、上階からの漏水事故で一度体験したことがある。幸い、大きい被害はなかったが、住戸内の一部の壁と天井のクロスを張り替えた。

さきに書いたように、工事はとてもおっくうだから、水のシミのできたまま替えないでいいかと思ったが、マンションで加入していた保険の内装の復旧工事として、お金がかからずできること、何よりも自分が出張で不在の間に行えることから、実施を決意した。

この際だからと、台所の壁はピンク、トイレの壁はブルーと思い切った色にしてみた。張り替えると、やはり気持ちはとてもよくて、「リフォームっていいものだな」と印象づけられた。

リビングが寒いので床暖房にしたいと思ったとさきに書いたが、今の住まいで寒い場所は他にもある。

まずお風呂。

昔ながらのタイル張りでレトロ感は好きだが、冬はとても冷たい。裸足で触れると全身が縮み上がる。

この凍ったようなタイルに触れるのが嫌さに、ダウンコートを着込んで自転車に乗り、スポーツジムまでわざわざお風呂に入りに行くほどだ。

帰りは体内に残った「余熱」のおかげで、風邪を引くことはないけれど、夜に黒っぽいダウンで自転車で走るのは、交通事故に遭うリスクが高くなりそう。

暖房代をケチっていることはなく、自分のいる部屋は暖かくしている。が、そこから出るのは一大決心。

リビングで過ごしていて、トイレへ立つとき。あるいは、昼間ずっといなかった寝室へモノを取りに行くとき。一度で用をすませたく、あれとあれを取ってきて、ついでにこれを置いてきて……となる。

複数を同時併行でこなそうとするのは、脳の老化予防にはいいかもしれないが、体にはどうか。室温と死亡率は関係するなどといった新聞記事を読むと、考えさせられる。健康寿命を延ばすなら、住宅の断熱化を図るべきか。

まずは情報収集と、業者に見てもらうことにした。その結果、住戸内の段差という難題が生じたことは、さきに書いたとおりだ。床暖房工事を多数行っているガス会社の指摘である。

壁クロスの張り替えを実施した業者にトイレの寒さを訴えると、リフォームよりパネルヒーターを置くほうが早くて安いとのこと。私は温水洗浄便座のスイッチをまめに消すが、たまに消し忘れてつけっぱなしだと、それだけで寒さは和《やわ》らぐくらいだ。リフォームをするまでもないのだろうか。

洗面所兼脱衣所の寒さについても、パネルヒーター案をすすめられる。

「ホームセンターで何千円かで売っていますよ。そのほうが断然安いですよ」

地元の工務店にも来てもらったが、この人もリフォームをすすめない。

このマンションの造りを知っていて、床暖房を入れようとするとたいへんで、かつ高くつくことを言い、「今はエアコンの性能もよくなっていて、空気が乾燥しにくいのもあるし」と、そちらで対応するほうがいいと。

「ほんとうに寒いのは、一年のうち二カ月くらいでしょ。我慢しなさい」と諭《さと》される始末。

皆さん、なんて良心的なのだろう。リフォームをすすめたほうが自分の仕事になるのに、商売っ気がないと言おうか。

実施へと急かされることもなく、よい人たちと出会えたのは幸運だった。

結論を早まらず、もう少しよく考えよう。

*室内の寒さは年齢と共にこたえるようになる。
*リフォームを考えたら、情報収集と複数のプロの意見をきく。

老後を考えて買ったマンションに二〇年住んでみて

今住んでいる家を買ったのは、さきに書いたように30代後半だ。

老後のことはそれなりに……いや、かなり考えたつもりだった。ロケーションからして、高齢者施策が進んでいるといわれる自治体を選んだ。同じ駅を利用する圏内でも、その条件にはこだわった。

部屋の中のことでいえば、窓が多く、一つひとつが割と大きいのも決め手になった。

「年をとったら足腰が弱って家にいることが多くなるだろうから、大きな窓があるのは外を存分に眺められるだろうし、開放的でいいわ」

と、思った。

ああ、ほんとうにおバカさん。

その大きな窓を、誰が拭くの？　上から拭くには背伸びしないといけないのに。

「足腰が弱って」と言っているそばから、まるで矛盾している。

将来を想像するのは、かほどに難しいのだ。

知り合いで、自宅の大がかりなリフォームをして数年後に売却した人がいる。彼女によればそういう人は、割と多いそうだ。

「そのとき考えつくすべてをやってみて、後になって、あ、そういう問題じゃなかったと気づくのよ」

例になるかどうか。私が通うジムは、タワーマンション内にある。私の家の風呂は寒いので、冬場は運動しない日でも、風呂に入るだけのために行くことが多い。

北風の中、タワーマンションへ向かって自転車をこぎながら「あのマンションに住んでいる人は、ジムの会員になれば、エレベーターに乗るだけで、ジムの大浴場に入ることができるんだ」と思いつつ、「でも、もしも地震でエレベーターが止まったら、どうするんだろう」と心配になる。タワーマンションで階段の上り下りは、とても無理。高齢者はそのあたり、どう考えて入居したのか。地震でもエレベーターは止まらない、何らかのシステムを備えているのだろうか。

若い頃に住まい選びで注目したのは、出窓があるからかわいい、外壁が白ですてき、といった表面的な部分だった。ロケーションも、通勤通学の路線である、駅から近い、暗くない、周囲にコンビニがあるとか。

年を重ねると家に対する観点は変わってくる。

20代だと三〇年後を考えても、活動性はさほど違わない。まだまだ自分で動くことができる。50代にとっての三〇年後、すなわち80代はずいぶん違いそうだ。

照明のスイッチひとつとっても、この位置で手が届くのか？　押すのに要る力は？

「老後」と漠然ととらえずに、もう少し具体的に将来をイメージしなくては。

人間の想像力には限りがあるが、せめて本を読んだり、新聞記事に目を通したり、人の話に耳を傾けたりと、アンテナを張っておくよう心がけたい。

*若い頃と年を重ねてからでは、住まいへの観点が変わる。
*老後とひとくくりにせず、その都度、イメージを上書きしていく。

高級シニアマンション訪問記

俳句のつながりの女性が暮らすシニアマンションに遊びに行った。ひとことでいえば、感動的だった！

湾岸にある高層ビルの一棟全体がシニアマンションになっている。スポーツ施設あり、大浴場あり、クリニックあり。介護付きなのはもちろん、認知症になっても専門のケアを受けられるフロアがある。最上階は天空ラウンジで、湾岸の景色を一望しながらお茶やお酒を楽しめる。

私がおじゃましたのは、最上階から一階下のレストラン兼多目的スペースで、彼女が設けてくれた句会。日頃から知り合いの女性三人と、駅で待ち合わせて訪ねていった。高級日本料理店の懐石弁当をいただきながらの句会。終わったら天空ラウンジに場所を移し、景色を堪能しながらコーヒーとあんみつを味わう、夢のようなひとときを過ごす。

人の住まいのお金のことを言っては失礼だが、噂では入居一時金は一億とも。月々の支払いは、部屋の広さにもよるが数十万。私にはとうてい払えない額だが、やっかむ気持ちは不思議と少しもわいてこず、ただただうっとりして「いいなあ」と思っていた。

自転車をこがなくてもジムに行くことができる。体調を崩してもすぐクリニックにかかれる。認知症になってもずっといられる。もうろうとした意識でタクシーを呼んだり、救急車を自分で呼ばなくてもよいのである。なんという安心感。

「いいなあ」と素直に思えたのは、招いてくれたこのシニアマンションの住人の女性が、すてきだったからだろう。お年の頃は80代後半。ここに入れるくらいだから、とてもお金持ちのはずだけど、人に細やかに気を配ることのできる方。天空ラウンジで皆のあんみつの器が空になる頃を見計らい、ボーイさんに静かな声で「皆さんに、お水をお願いします」と。

かっこい〜い。

優雅で、威張ったところがなくて、親切で。こんなふうに年を重ねられたらと思った。

帰り道、女性三人で「いいよねえ」と話しながら歩く。招待してくれた人への讃辞はむろん、住まいへの讃辞も入っている。

年をとってあんなところに住めたら理想。天空のラウンジはなくていいから、そのぶん安くならないかとか、高級日本料理店の代わりにタニタの食堂はどうかとか、大浴場はなくていいけどクリニックは必要、などと会話が弾んだ。

理想の老後の住まいに思いを馳《は》せる。

今の住まいはキープして、できれば仕事を続けていて、併せて近くの医療付きの介護施設にも入居する。昼間はそこから、今の住まいへ「出勤」して仕事。多少不自由しながらでも、なんとか料理もしたい。具合の悪くなるのが怖い夜は、施設へ帰って眠る。施設に入っていても、何かあって入院することになると、施設の家賃と入院費用が二重にかかるから、「医療付き」は、ほんとうにありがたい。

訪ねたあのマンションよりもう少し安い費用で、こんな老後が実現するなら、爪に火をともしてでも頑張って貯金するのに、と思うのだった。

＊機能満載の高級シニアマンションはすごいが、あくまでも夢。
＊老後は自宅と医療付き介護施設を行き来するのが理想。

第 4 章

ムリせず、
自分仕様に、
健康管理

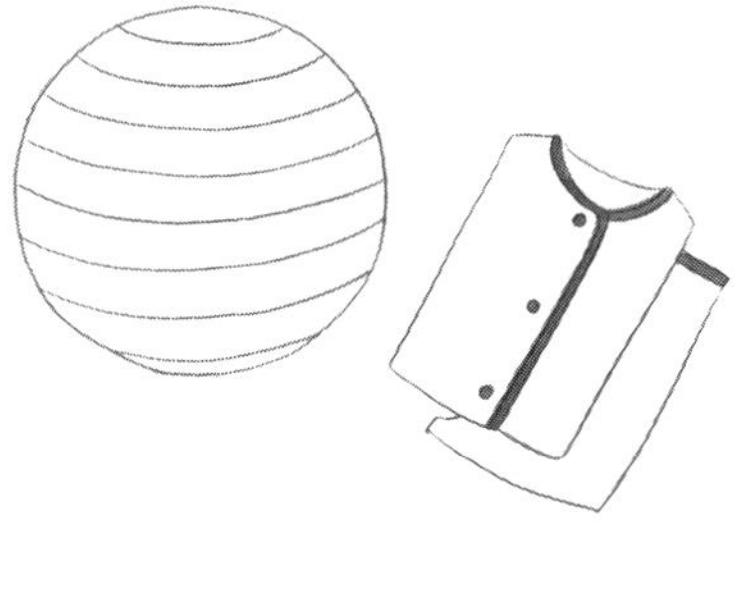

スケジュール管理は「体の声」と相談

若い頃と今との大きな違いといえば、「疲れないスケジュール管理」をするようになったことだ。

かつては夜遅く帰ってきて翌朝早く出かける、ということも当たり前にしていた。「私は今これをしたい！」という心の声が大きくて、仕事も家のなかの片づけも、つい根《こん》を詰めて、限度を超えて頑張りすぎてしまうことがしばしばだった。

がんになってからは、それまでの「詰め込めるだけ詰め込む」というペースではうまく回らないことを自覚した。

仕事にしても、疲れを引きずって体調を崩し、ひとつのスケジュールが崩れて、次も、そのまた次も、と遅れたら、仕事先からの信頼を失いかねない。

信頼が看板代わりの自営業者は、絶対に避けなくてはならないことだ。ましてやひとりで生計を立てている私には必要不可欠。

「今これをしたい！」という心の声だけを聞いて暮らしていたほうが、楽しく、心地よさそうだけど、そこで踏みとどまって「疲れた」「このままでは疲れがもっとたまりそう」という体の声を聞くほうが、頑張る→無理する→倒れる、という事態を避けることができる。

言ってみれば「大人の選択」だ。

そこで私が最近、習慣にしているのが、仕事であれ遊びであれ何らかの用事が隙間なく連続していて、このへんで疲れがたまるだろうと思うタイミングで、予備日を設けることである。

手帳のそのあたりの一日に「㋵」というマークを入れる。

新たな用事を入れたいとき、時間配分だけ見れば組み込むことが可能そうに思えても、「体力」の要素をプラスしてスケジュールを再確認。「したい！」という心の声ばかり優先していると、「疲れたよ。ここまでにしておこうよ」という体の声を聞き逃してしまうから要注意だ。

実は先日も、「もっと体の声を聞かなくては」と痛感する出来事があった。

まず一日目。クローゼットの整理をしているうち、つい夢中になって家具の移動までしてしまった。

二日目。屋外で趣味の俳句の吟行。自分の中では遊び、すなわちレクリエーション、リフレッシュであり「休養」という位置づけだが、たくさん歩くので、意外と体力を消耗する。

三日目。根を詰めて家でまる一日、仕事をした。

そして四日目。外に出かける予定を入れていたのだが、三日目の夕方頃に、疲れがたまっているな、明日出かけるとかなりこの疲れが尾を引くに違いない、という体の声が聞こえてきた。幸い、断ることのできる予定だったので、約束をお断りして家で過ごした。

「外、外、外」と三連続の外の用事を避けることはこれまでもしていたが、

「外、家、外、家」という互い違いのスケジュールを組んでいても、疲れる自分を発見した。

われながら驚いたのは、四日目の予定をキャンセルしたときに挫折感をおぼえるより、「このままでは危ない」と早めに気づいてスケジュール調整ができた自分をほめる気持ちのほうが大きかったことである。

頑張らない自分を応援していくのも、これから先を疲れず生きる秘訣なのかも。

＊「やりたい」という心の声と「疲れない？」という体の声を調整。
＊無理をしない自分をほめることも大事です。

人混みと甲高い声が苦手に

手帳に「予備日」のマークをつけた日には、どう過ごして休養をとるか。睡眠をいつもより長くとったり、軽く体を動かしてほぐしたりすると疲れがほどよく抜けていく気がする。

時間があればジムに行く。ふだんは一時間マシントレーニングをするところを、トレーニングは四〇分にしておいてお風呂に長めに入ったり、簡単なエクササイズクラスに出てみたりする。じっとしているよりも、そうして体内の循環をよくするほうが、全身の細胞のリフレッシュ感も高いみたい。

歩くことも好き。徒歩一五分の距離なら、タクシーは使わない。ただ、醬油のボトルのような水物を買うと荷物が重くてめげそうになるので、そんなときは一回一〇〇円で乗れるコミュニティバスのお世話になる。皮肉なことに体にいい食材は重いものが多いのだ。豆腐しかり、コンニャクしかり。

天気がよければ緑の多い道を歩く。年齢とともに、緑色を見るだけでほっとするようになってきた。葉っぱのそばに近づくと、「酸素が出ているわ……」とことさらに鼻の穴を広げて、めいっぱい空気を吸い込む。

リフレッシュしたいときに、若い頃のように映画館に行ったり、新宿のデパートにショッピングに行ったりということは、いっさいなくなった。

そのわけは、最近つくづく「私はこれが苦手なんだな」と感じている、人混み、甲高《かんだか》い声、大きなBGM、この三つがデパートや映画館にはそろっているので。疲れているときこの三つにさらされると、体も神経もさらに疲れるのを知っているから、心身を休ませたいときにはこれらを避ける。

人混みに行きたくないがため、買い物は通販が多くなる。仕事用のジャケットやスカートは特に通販に頼るようになった。通販なら店員さんから「わあ、お似合いですよ」「かわいい！」と過剰にほめちぎられなくてすむ。

気分を上げる服ならまだしも、仕事で必要な服だと、向こうのテンションに反比例して「いいえ、別に仕事用だから、あればいいんです……」とこちらの気分は下がってしまうものである。

テレビをふとつけたとき、旅番組の美しい風景に「すてき。いつか行きたいわ」となごむと、次の瞬間、レポーターの甲高い声が。そんなときはすかさず「消音モード」にして風景だけを楽しむ。

年齢とともに、苦手なことが増えてくる。

でもそれはきっと「自分が消耗する要素はこれだよ」と教えてくれるサイン、とプラス方向に受け取ることにしている。

自分を知らず知らずのうちに消耗させる要素を知っておき、上手に「よける」ことも、無意識のうちの疲労の蓄積を防ぐ賢い技なのかも。

＊じっとしているより体を適度に動かすほうが疲れがとれる。
＊自分が苦手なものを自覚してよけるのも賢い大人の技。

かかりつけ医を見つけてよかったこと

老いへの準備を進めていくにあたり、ぜひしておいたほうがいいことは？と聞かれたら、私がおすすめしたいのが、「かかりつけ医」を持つこと。「どの診療科もそろっていて安心だから」と、大病院にしたい気持ちもあるかもしれないが、かかりつけ医として私が選んだのは、地域の小さなクリニックだ。

40歳のときにがん治療を行い、以来、大病院で経過観察をしてきたが、二年前に通院は終了した。

今後の健康管理をどうしていこう。

体のチェックといえば、人間ドックか？　凝り性の私は日本人間ドック学会のホームページまで見て、推奨されている医療機関なども調べたが、いまひとつ方向性が定まらない。

そこで一〇年来お世話になっている漢方医で、大病院の勤務経験もある医師に相談した。

その先生が言うには、自分なら、大病院の人間ドックや人間ドック専門機関より、具合が悪いときに受診したクリニックで相談して検査を受けると。

そう聞いて、私は自宅の近辺にある小さなクリニックで探すことにした。クリニックのホームページで理念や治療方針などを読み、心ひかれたいくつかに、風邪や腹痛のとき受診してみて「コミュニケーションをとることのできる医師か」を確かめる。

併せてインターネットのドクターズファイルなどで、医師の専門、どんな病院のどんな科に勤務してきたかといったプロフィールを確認。私は消化器の珍しいがんを経験しているので、消化器に詳しそうな人にする。

私の場合は消化器だが、人によって心臓、肺、コレステロールなど弱点はそれぞれだから、自分が特にどこが気になるか、どこを中心に診てもらいたいかを考えてみるのも、ひとつの大切なステップだと思う。

だいじょうぶ、この先生でよさそう。

そう思えた医師がいたので、私は次に受診するとき、「これから健康管理をしていきたいので、検査の項目について、どこまでこちらでお願いできるか教えてください」と言ってみた。

すると、そのクリニックで検査ができる項目、また、人間ドックにはよくメニューがあるが「あまり正確ではないので受けなくてよいと思う」という項目などを説明し、メニューを組んでくれた。いわば自分用のカスタマイズである。

小さいクリニックのありがたさは、医師の裁量が利《き》くこと。すべての検査を自費で受けると、それなりの出費を覚悟しないといけないが、消化器の調子を崩しやすい私は、その日も胃もたれの症状があるということで、胃の検査に関しては保険適用にしてもらえた。

もちろん、初診でいきなり「総合的な健康管理をしていきたいが、高くつくので、この項目については保険で検査を受けたい」というのは無理。風邪や腹痛など、日常的な不調のときに受診して、互いに信頼関係を作ってから申し出るならアリだと思う。

健診は、具合の悪いときに受けるものではないから、「遠い」「価格が高い」というハードルが加わると余計に足が遠のくもの。時間がないから、忙しいから、理由はいくらでも作ることができる。でも、私の見つけたかかりつけ医は、歩いていける距離だから、おっくうさが全然違う。ハードルは自分で下げられる部分もある。

以前、急な入院を要する事態になったときも、かかりつけ医まで頑張って歩いていったところ、医師が大病院に電話し話をつけてくれて、症状についても直接説明してくれて、救急車もクリニックまで呼んでくれるなど、とても助かった経験がある。だから、なおさらかかりつけ医を頼りにしている。

私には、がんのことを知らずに進行させてしまった苦い過去があるので、早期発見につとめていきたい。その一方で、早期発見できないがんもあることを、どこかで心に留めている。

＊大病院より地域の小さなクリニックのほうが医師の裁量が利く。
＊健診は、自分の弱点に合わせてカスタマイズしてもらえる。

目の充血対策は意外にも……

健康に関するもので、外出時にいつも持っているものといえば、歯ブラシ、歯間ブラシ。

年齢とともに歯にものが詰まりやすくなるのか、若いときも詰まっていたけど年齢とともに気になるようになるのか。

さらに最近は「目薬」も持ち歩くようになった。

これも加齢のためなのか、目が充血しやすくなっている。

ふつうの充血ならまだしも、「結膜下出血」といって、白目の部分から出血して真っ赤になることが三カ月に一回ほど起こるようになり、難儀していた。

特に痛くはないのだが、目が真っ赤になっていると、見る人が何ごとかと思うようだ。写真撮影やテレビ出演のあるときはかなり困る。

眼科に行ったが、「結膜下出血は、自然に吸収されていくまでは治療の必要なし。つける薬はありません」と言われた。

でも、何か対策はないものか。その後また結膜下出血が起きたとき、別の眼科に相談すると、次のように説明された。

結膜下出血とは、結膜の下にある小さな血管が破れて出血するもの。メカニズムは鼻血と同じで、いわゆる「のぼせる」ような状況で起きることが多いらしい。激しい運動や飲酒がきっかけになることが多いというが、それは私はなさそうだ。ただ、「のぼせる」と言われたとき、思い当たることがあった。

のぼせるというのはつまり、自律神経が緊張したり興奮したりといった「交感神経優位」になること。

振り返れば、私が結膜下出血を起こすのは、おおぜいの人の前で挨拶をしたり、立食パーティーで次々と知らない人と社交辞令を交えた会話をしたり、初対面の人たちと行動を共にし取材をするといったことのあった日だ。

対人恐怖症とまではいかないが、実はかなりの人見知りのため、今挙げたような状況では、必要以上に興奮し、神経が張り詰めるのだろう。

自分の結膜下出血の引き金になりやすい原因には気づいたものの、かといって社会に出るのはやめられないし、性格を急に変えることもできない。

どうしたらいいのかと医師と話を進めると、目が乾くと血管が切れやすくなるので、ドライアイ対策の目薬をさして潤わせておくと、間接的な予防になるとのこと。

そこで定期的にドライアイ用の目薬をさすようにしたら、結膜下出血の起きる頻度を劇的に下げることができた。つける薬はないとして帰された一軒目の眼科医では、あり得なかったことだ。

この先、年齢を重ねるにつれて、このような「病気ではないけれど、ちょっとした不調」がどんどん増えていくのかもしれない。

そんなときも、適切な対策を示してくれる医師に巡り合うには、「自分が何に困っているのか」を伝えることが大事なのだろう。とはいえ、ただつらさを訴えるだけでは年齢的に「うるさいおばさん」として話半分にあしらわれかねない。

それだけは避けたく、真剣に相談にのってほしい私は、二軒目の眼科に行くとき、あらかじめメモを作っていった。

・結膜下出血が頻繁に起こると困る。
・人前に出る仕事が三日後にあるので長引かせたくない。早く出血を引かせる薬があれば、処方をお願いしたい。
・早く引かせるため、自分でできることがあれば教えてほしい。
・予防のためにできることがあれば、併せて教えてほしい。

というふうに、聞きたいことをリストアップした簡単なメモである。
メモを作っておけば、医師の説明にその場はうなずき、あとになって「これを聞きたかったのに」と後悔することも防ぐことができる。
この先の不調も、「メモ対策」で切り抜けていきたい。

*体の不調がどんな状況で出やすいかを知っておく。
*受診の際に聞きたいこと、困っていることのメモを作っておくと便利。

「加圧トレーニング」で筋力低下を防ぐ

50代になるときに始めた「加圧トレーニング」、自分でも驚きだが、続いている。

加圧トレーニング（以下、加圧）とは、ベルトに似た専用器具を腕の付け根や脚の付け根に巻いて、個人に合った圧をかけながら運動をするエクササイズ。血管の老化を防ぐ、筋肉を鍛える、さらに、アンチエイジングの強い味方である成長ホルモンの分泌を高める、といった効果があるらしい。私は週に一回受けている。

利用しているのは、「月四回コース」。三〇分のレッスン一回で六〇〇〇円＋税。予約の上、個人に合った圧をかけ、かつ個人に合った運動を行うので、原則としてマンツーマン。料金はどうしても高くなる。

しかも私の行くところは、月四回分があらかじめ引き落とされ、四回行けなくてもお金は戻ってこない。予約日の変更は可能だが、前日正午以降のキャンセルは不可。この非情ともいえるシステムが、否《いや》が応にも続ける原動力になっている。

加圧をしてみたいと思ったのは50歳のとき、父の介護でジムに行く時間がとれなくなったのがきっかけだ。限られた時間でなんとか効率よく運動したい、となったとき、短時間で効果が期待できるという加圧にひかれた。

当時、体を動かしてストレス発散、というよりも、筋力を維持する必要性をひしひしと感じていた。介護をするときにいろいろなシーンで筋力が必要であるのはもちろんのこと、父を間近で見ていると、「トイレに行くことができるかどうか」ということが自立の分かれ目なのだと切実に感じた。

室内で車いすで過ごすようになっても、何かにつかまりながらでもいいから、自分の筋力で一瞬でもお尻を持ち上げることができれば、便座に移れる。

自分の身に起きたことでは、またいだつもりの段差に足を引っかけそうになり、これは筋力低下のサインと受け止めていた。

私が通っている加圧エクササイズは女性専用なので、ボディビルダーのようなアウターマッスル隆々の体にするのでなく、姿勢を維持するインナーマッスルをつけましょう、という考え方なのがうれしい。

三〇分の中味は、最初に軽く腹筋運動をし、前半は腕に加圧器具をつけて上半身の筋トレを三種類。後半は、脚につけてスクワットなどのメニューを三種類。

面白いのは、女性専用だけあって、衰えると尿漏れにつながるという骨盤底筋の筋トレもできること。

仰向けに寝転んでバランスボールを挟み、「はい、おしっこを我慢するように！」とか、立った姿勢のときに「お尻の穴を締める！」という指示を受けながら、「それって、これ？」と意識して頑張っている。こういった言葉が照れもなく飛び交うのは、女性専用ならではだろうか。

五年続けていても、トレーニングは楽にならない。加圧器具をつけているときは、腕や脚はいつも痛くて重だるい。そのぶんはずしたときの解放感は、実に心地いいものがある。

気になる効果は？

体脂肪率については、実はじわじわと上がり続けている。努力が報われていないようにも思えるが、「何もしていなければ、急激に増えるといわれる年代。その勢いをゆるやかに抑えられているだけでも、効いているといえるのでは」と考えている。

実際、すごく高いわけではないのだ。以前は体脂肪率は標準より低い「痩《や》せ」の範囲だったが、50代後半の今は「正常範囲中の、少なめ」、まれに標準を切ることがある程度。

40代には常に悩みの種だった腰痛を感じることは、ほんとうに少なくなった。お尻も少しは上がったように思える。たとえるなら、お尻のドレープの二重が一重になった程度だが、十分にうれしい変化だ。脚は以前よりは太くなっているが、これは筋肉がついたせいで、腿《もも》の肉のたるみはなくなってきた。以前は、細くても内腿に「これ以上たれると線ができるかも」という怪しい部分があったのだ。

この先、収入が少なくなったら、通うのをあきらめざるを得なくなるのかもしれないが、続けられるうちは這《は》ってでもキャンセルせずに続けたい（なにしろ高い！）のが、加圧なのだ。

他には家で地道なトレーニングも。バランスクッションという弾力のあるクッションの上で片足立ちの姿勢をキープ。脚のみならず体幹も鍛えられる。これならお金はかからない。

＊自分でトイレに行ける筋肉があるかどうかが自立の分かれ目。
＊スクワットや尿漏れ予防の骨盤底筋の筋トレも。

睡眠の質とよれよれパジャマ事件

「眠り続けられるのは若い証拠」とよく聞く。たしかに私も若い頃は、睡眠時間は最低でも八時間は必要、と思っていた。最近は、睡眠六時間でも日中ふつうに活動できる。五時間睡眠で仕事に出かけることもある。年のせいか、あるいは、睡眠は「量より質」だと感じるようになったからか。

良質の眠りを得たいという欲求は、前よりも高まっている。

睡眠環境を整えるのに、まず着手するのは枕をはじめとする寝具だろうけど、あるとき気づいたのは、パジャマの大事さ。というのも、私には静電気が睡眠を妨げる要因になっていそうなのだ。

寒がりなので、冬は登山用の防寒インナーで寝ていた時期がある。でも、なにか細かな毛のようなものが無数に肌にまとわりつくリアルな悪夢を見て目覚め、「このまとわりつくものは何？」と服を脱いだら、暗闇に線香花火のような音を立て青白く発光するものが。

静電気だ！

さっそく静電気フリーというテーマで、パジャマ探しを始めた。

ガーゼ素材は肌触りがよく気持ちがいいが、伸縮性がいまひとつ。寝返りのとき突っ張る感じがする。

伸縮性があり暖かく、静電気が起こりにくい素材のものを探して行き着いたのが、「シルクニット素材」のパジャマ。薄いシルクサテンと違って、厚みは出る。そのぶん糸を多く使うのか価格が二万円超え。もっと安くならないものか。夜中にヤフー、アマゾン、楽天とあらゆるサイトを探し回ったが、これより安いものは見つからなかった。

でも、寝ている時間は人生の三分の一という。二万円のパジャマが高いと感じている私は、二万円の洋服をワンシーズンで手放すことだってある。ワンシーズンの間に何回袖を通した？　それを思えば毎日着て、睡眠の質を高めてくれるパジャマに二万円かけても、高い買い物といえないのでは。そう考え購入することにした。

洗濯は、タグには手洗いとあるが、おしゃれ着洗いのモードにして洗濯機でしてしまっている。陰干しの指示もあるけれど、時間がかかるから外に干している。

そのせいかどうかわからないが、だんだんに黒ずんできた。それでも着心地がいいので、見た目を気にせず愛用し続けていたら、考えさせられる事件が起きたのだ。

正月に感染性胃腸炎にかかった。かかりつけ医も休診なので、近くで開いている病院に這うようにして行った。

「ふらつきがいちばんつらいです。ひとり暮らしなので、ふらつくとどうにもならないので、それをいちばんに改善していただきたいんです」と頼み込んだが、当直の若い医師は「ふらつきにつける薬はありません」とにべもなく、消化剤のみ処方する。仕方なく薬局で経口補水液を買ったが、飲んでもすぐに吐いてしまう。それが昼間のうちのこと。

夜になると、頭をちょっとでも起こすと、ひどいめまいで立ち上がることすらできなくなった。たぶん脱水症状だ。飲んでも吐いてしまうからには、このまま寝ていても悪くなるばかり。夜も開いている救急病院に行くしかない！

タクシーを呼ぶ段階になり、ふと自分のパジャマを見ると、よっれよれ。しかもパジャマのハイネックの部分は、首が少々きゅうくつなので、鋏《はさみ》で切れ目を入れてしまっていた。その切れ目がほつれて、糸が垂れて、まるで破れたパジャマをまとっているよう。

いくら病気でも、このままではあんまりみっともなくて、タクシーに乗れない。意識がないならまだしも、本人が電話して迎えを頼むわけだから。

一寸の虫にも五分《ぶ》の魂ならぬ五分のプライド。吐き気をこらえつつ、上はセーター、下は裏起毛のレギンスに着替え、口にポリ袋をあてがってタクシーに乗り込んだのだった。

この体験から肝に銘じた。本当に具合が悪くなったときに、着替えることがいかに大変か。いつ具合が悪くなるかわからないから、ある程度、人に見られてもいいようなパジャマを日頃から着ておくほうがいい。愛用のパジャマのある方は特にご注意ください。

最近はコットンニットのパジャマも愛用している。通販でも多数ある。静電気が起きにくく、価格はシルクよりお手頃だ。

＊質のいい睡眠のためには、静電気が起こらないパジャマを。
＊いざというときのため、日頃から人前に出られる寝巻にしておく。

第5章

日々変化！
大人の美容とおしゃれ

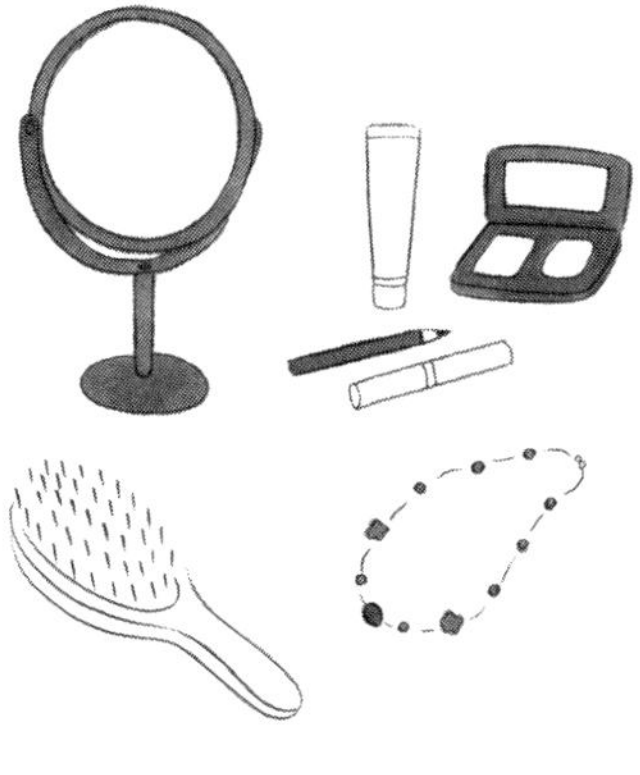

フラフープでくびれ作り？

慌ただしく過ごした一日の終わり、寝る前のひとときを、リビングでくつろぐのが私の日課。

ソファはあるが、そこには腰を下ろさずに、ソファ前の床に座ってローテーブルでパソコンを開く。かたわらには、豆乳とメープルシロップを入れたほの甘い紅茶。パソコンで見るのはフィギュアスケートの動画。けなげに滑る姿ってやはり美しいわ……。

心も体も弛緩《しかん》しきって動画に見とれ、目を落とした瞬間、はっとする。

パンツのウエスト部分にお肉がのっかってる。

不安になって手を横に回すと「脇腹のお肉をつまめる」という事実。

夜の自堕落な習慣がまねいたものか。さりとてこの貴重な癒し時間をあきらめる決断をするほど、私は意志が強くない。

この楽しみはとっておき、その一方で解決する方法はないか。

考えて思いついたのが「フラフープダイエット」。タレントの水野裕子さんがそれによって引き締まったウエストを手に入れたとか。トレーニング用のフラフープがいい、と紹介されていた。

さっそくアマゾンで検索すると、よさそうなものが見つかったが、あいにく品切れだ。調べると、ヨドバシカメラの通販サイトに在庫があるので即ネット注文。自宅配送にすると、明日一日不在のため受け取りが明後日になってしまう。一日でも早くはじめたく、「家の近くのヨドバシ店舗なら、明日の帰りに寄って持ち帰れる」と店舗受け取りを選択するほど、前のめりになっていた。

これは私の傾向かも。良くも悪くも。

健康でも美容でも解決したいテーマができて、それに向かって前進しているときはワクワクする。心はとっても希望に満ちて、実践への意欲満々だ。

このワクワク感の中にいるときは、何かしらよいホルモンも出て、若返りにつながっているのでは。

さて、手に入れたフラフープ。箱から出して組み立ててみると、ずしりと手にくる。箱に表示された重さを見ると、五〇〇ミリリットルのペットボトルの水二本分以上だ。

使い方説明は入っていない。自己流で試すが、半回転もせずに落ちるのみ。困ったときのネット頼み。「フラフープ」「回し方」の検索ワードを打ち込んで、調べる。

フラフープは「回す」というイメージだが、腰そのものは回すのでなく、前後に激しく振ることでフラフープが回るようだ。動画を真似してみると、なんとか回る。少し回しただけで汗びっしょりだ。脂肪が燃焼し、腹筋を使いまくっている実感もある。

が、フラフープの当たる部分が痛い。なんといってもペットボトル二本分の重さのものを、おなか回りに勢いよく打ちつけることになるのだから。くびれよりアザのできるほうが早いんでは？

練習し、七回ぐらいは回せるようになった。

とはいえこのフラフープ、場所をとるし、運動器具の常でカラフルでありインテリアにそぐわなくもある。寝室にもリビングにも所を得ず、お風呂場に置くことにした。

回すときはさらに場所をとる。

ぶつからないよう、椅子などをあらかじめ移動しないと。

買ってみて、使ってみてわかった難点だ。

これを毎日か……。

これに限らずダイエット法はたいてい「一日一〇分だけ！」というのがうたい文句だ。聞いたときは「えっ、たった一〇分で効果が出るなんて！　そんな楽していいのかしら」と感激するが、はじめてみると一〇分は「たった」では全然ないし、その一〇分を毎日必ず確保するのにどれほどの意志と努力が必要か。

フラフープ、続けられるかどうか……。お風呂に置きっぱなしという事態は避けたいと思っている。

＊フラフープを手に入れるまでのワクワク感は楽しかったが……。
＊たとえ一日一〇分でも継続するには強～い意志の力が必要！

「変わらないね」と言われるために

数年前から、美容師Ｉさんの美容院に通っている。

Ｉさんは、それぞれの顔に合わせつつ、50代以降の女性はトップの部分（いわゆる鉢周り）をふっくらとボリュームアップさせる必要があることを熟知し、かつ「今は前髪はやや厚めがモードなので、ちょっとそうしましょう」などと、そのときどきの流行を取り入れてくれる。

そのためか、サロンで見かけるお客さんに50代以降の女性は多い。

そもそも40代半ばまでは「トップをふっくらさせる」という発想は、自分のしたいヘアスタイルの条件になかった。条件に入ってきたのは、40代後半。それまで髪は肩のラインより下まで伸ばしていて、毛先を内巻きにしていたが、あるとき気づいた。

なんだかこの髪形、重心が下がって見えない？ほうれい線ができたり、フェイスラインがたるんで下がりはじめたりといった顔の変化によって、全体としてそういう印象になるようだ。変化に対応するには、髪のほうの重心を上に持っていく必要がある！

女性雑誌で目にする「五年前の髪形が似合わなくなる」「若い頃の髪形をそのまま引きずるのは恥ずかしい」といったフレーズが身にしみた。

Ｉさんの見立てによると、私は顔が長めなので、ロングのストレートヘアだと寂しげな印象になるそうだ。レイヤーを入れ、毛先に動きのある短めのスタイルのほうが若々しくなり、トップもふっくらさせやすいとのこと。

たまには伸ばしたいとか、「いまいちどロングヘアを楽しむには、この年代が人生最後のチャンスかも」と思うこともあるけれど、Ｉさんの提案を尊重している。なぜなら、自分の顔は鏡でしか見ることができず、いわば平面、二次元でしか知らないが、美容師さんは全方位から立体で把握した結果、最適と思うスタイルを提案してくれている。客観性という点で、美容師さんの意見のほうがすぐれているだろうから、耳を傾ける価値はある。

年齢を重ねても印象が変わらず、ずっと同じ髪形であるかに思える人もいる。たとえば、アグネス・チャンさん。いつも清楚なロングヘアだ。が、よくよく見ると細部は微妙に変化している。

全体としてはロングヘアなのだが、肩より下はキープしているものの、前ほど長くない。長いと重さが出て、そのぶん下へ引っ張られ、トップがつぶれるからだろうと推測する。そして鉢周りとそれより下とに段差をつけ、トップのボリュームが出やすくなっている。

「変わらないわ、あの人」と言われるためには、年齢に応じてマイナーチェンジをしているのだ。

考えてみれば、髪の毛は三六五日、頭の上にのっかっているもの。服装よりも全体の印象を決めるものと言っても過言ではない。

先日も服の整理を思い立ち、鏡の前に立ってみた。服の処分に迷ったら、メイクをした状態で着て鏡の前に立ち「もう似合わないな」と思う服を捨てよ、と言われる。その実践である。

するとショックなことに着る服、着る服「没・没・没」。

こんなに似合わなくなっている⁉　がっくりと肩を落としかけたが、

「いや、待てよ。もしかして髪のせいなんでは？」

美容院にしばらく行っていないから、伸びてきて重心が下がり、よけい老けて見えるのかもしれない。早速Iさんの美容院に電話。運よく空きがあり、一週間後の予約をとることができた。

服を処分するかどうかの判断は保留にしておこう。髪を軽くしてから、再び着て鏡の前に立ったとき「没」の服がひとつでも減っていることを祈って。

＊50代になったらヘアスタイルの重心は上に持っていく。
＊全方位から自分を見ている美容師さんの意見に耳を傾けよう。

髪にかかる維持費

ヘアカットとときどきかけるパーマは、この五年ほど通っているIさんの美容院で。白髪を染めるためのカラーは近所で見つけた一八〇〇円の美容院でと使い分けをしていた。思い立ったらすぐ行けるし、なんといっても安い。

前者『50代の暮らしって、こんなふう。』（だいわ文庫）を書いた頃の私のとっていた方法だ。

が、老いとおしゃれに完成型はない。自分の変化と付き合ううちに変わってくる。

髪については繰り返しカラーリングするうち、傷みが気になりはじめた。髪の質感がやつれていると、色は黒々していても老けた印象になるものだ。

安いから傷む、というわけではないだろう。価格と品質が比例するかどうかはわからない。私の場合むしろ安さと近さのために、ついしょっちゅうカラーリングしてしまっていたのが、髪に負担となったかも。

考えた末、カラーもIさんの美容院でカットするとき、いっしょにしてもらうことにした。

カットに行くのは二カ月から三カ月に一度。一八〇〇円カラーには四週間に一度は行っていたので、前よりもずいぶん頻度は下がる。

その間の「中継ぎ」には、ヘアカラートリートメントを用いることに。ヘアカラートリートメントはカラー剤と違ってツンとした匂いもなく、ふつうのトリートメントと同じように使うことができるという。通販で注文した。

シャンプー後にタオルドライをして塗布し一〇分間放置、というのが基本らしい。しかしせっかちな私には一〇分が長く思われ、なかなか使いはじめぬまま。

風呂では当然ながら裸の状態。その状態で一〇分間も待っていられる人がどれだけいるのか。いったんタオルドライをしてからというのも、二度手間に思えてならない。

説明書をよく読むと、初回はシャンプー前の乾いた髪に使うのがおすすめと書いてある。そのほうがより染まりやすいと。私はその方法を採用した。風呂の前、メールチェックなどする間、髪に塗りつけている。

染まりやすいとはいえ、伸びてきた白髪部分が目立たなくなる程度。美容院のカラーほどの効果は望めない。あくまでも中継ぎだ。それは承知の上としても、私の地肌はその製品に含まれる何かの成分に反応するのか、そこはかとなく痒《かゆ》くなるのが難点だ。もっと私に合うものがないかと、常にリサーチしている。

最近気になっているのは、大手化粧品会社が発売したカラーコンディショナー。次はこちらに切り替えてみるなどして、満足の一品と出合えたらうれしい。

それにしてもカラーリング代なんて、かつてはいっさいかからなかった。年齢を重ねるということは「維持費」がふくらむものだと、つくづく思う。

「カラーをもうしなくていい。これからは自然体でいくわ！」という境地にはまだまだ達しそうにない。これらのコストをどうやって捻出《ねんしゅつ》していくかは、変わらず大きなテーマである。

＊髪の老け感は、色だけでなく質感からも考える。
＊美容院でのカラーと自宅でのカラートリートメントとを併用。

拡大鏡でアイメイク

見たり聞いたりするたび気になる言葉に「劣化」というものがある。出産などを経て久しぶりにメディアに登場した女優さんに使われると、「ひどい」と一人で憤《いきどお》ってしまう。

そういうあなたはどうなのか？　時間は誰にも平等に流れている。どんな人にも経年劣化はあるのだ、と。

その一方で、自らの経年劣化……と言っていいのか、つまり老化に関しては、メイクでカバーできるならそうしたいのが女性の共通の思いではなかろうか。

私は仕事柄、プロにメイクをしてもらう機会がある。テレビや雑誌のタイアップ企画に出るときのヘアメイクさんだ。そのときはここぞとばかり手元を注視し、話しやすい人ならコツを伺い、プロのワザの習得につとめる。

ヘアメイクさんによっていろいろな意見がある。

たとえば眉毛のラインの入れ方も、ある人は、丸くふくらませるのがいい。その説をとる人の考え方は、年齢とともに誰もが目尻がたれ下がってくる、目尻ラインに視線を集めないためには、眉毛のラインを外側にいくにしたがい上方へふくらませ、上りの傾斜を目立たせる、というもの。

「いや、そのやり方ではかえって目尻の下がりが強調される」という反対意見も。その説をとる人の考え方は、年齢とともにまぶたがたれて、うわまぶたの面積が広くなる。なのに眉毛のラインを上方へふくらませると、まぶたの面積がよけい広がり、目尻の下がりが強調される、と。この考えに基づくと、眉毛は丸みをつけないで「水平に太く描く」となる。

私は後者の意見をとりいれ、実際の眉毛の下のラインにアイブロウペンシルで描き足すようにしている。

目尻のアイラインも、かつては上側にはね上げるようにしていたが、もうこの年齢では無理があるなと思いはじめ、水平に流すようになった。

もうひとつ、目の上側のアイラインに関してヘアメイクさんから学んだのは、アイラインの二本使い。まず、ペンシルかパウダーで太目にラインを入れ、目のきわの部分だけ、リキッドで濃いめのラインを入れる。これだけで、目がくっきり、大きめに見える。

教わったはいいけれど、そんな複雑な作業はメガネなしでは難しい。老眼には、細かな部分が見えないのだ。

そこで購入したのがメイク用の拡大鏡。はじめは三倍率のものを使っていたが物足りなくなり、いっきに七倍率へ。感動的によく見える！

リキッドで太く描きすぎ、歌舞伎メイクになることもなくなり、マスカラがダマになることも激減した。眉毛の抜き残しもしっかり見える。今までこれなしに、どんなメイクを人に見せていたのかと、逆に怖くなるほどだ。

考えてみれば、打ち合わせなどで書類を読むとき、人のすぐ前で老眼鏡をかける。老眼鏡をかけると目が拡大され、メイクの失敗も相手にそのまま見られてしまう。
老眼鏡を使う世代こそ、メイクには拡大鏡を使うことをおすすめしたい。

＊アイラインはペンシルとリキッドの二本使いで。
＊老眼鏡世代こそそのメイク必需品「拡大鏡」。

服を「外出用」と「家用」に分けない

「着る」ことは気分を上げる大事な要素。50代になってから、特にそう感じるようになった。

文章を書くという仕事柄、家にいる時間は長い。若いときは、動きやすく、かつ傷んでも惜しくない安価な服を「家用」として買っていた。

家で過ごしていると、どうしても食べこぼしや調理の際のはねなどでシミがついたり、掃除や洗濯などで立ち働くと生地が擦《す》れ、毛玉ができてしまったりする。

「外出用」として着ていた服がへたってくると、「家用」に〝降格〟することもあった。

30代の頃は同じような形、素材のワンピースでも、家用と外出用とを完全に分けていた。40代でもまだその傾向があった。

でも今は好きなブランドの、しかも定価で買った服を家で、誰にも会わない日でも着ている。

この心境の変化のわけは？

家用と決めた、傷んでもいい服、あるいはすでに傷んだ服をずっと着続けていると、自分がくすんでいくような感じがしてきたのだ。

家にいる時間が長い、ということは、人生の多くの時間を家で費やすということ。「睡眠は人生の三分の一を占める」と言われるが、私が家で過ごす時間も、かなりの割合を占めているはず。

その時間に、わざわざワンランク落とした服でわが身を包んでいるっていうのもどうなの？

そう思ったのだ。

かつては「外出用」扱いだった服を家で着るようになり、何が変わったか。

一日の始まりからして、違うのだ。

朝、クローゼットを開けて「今日はこの気分」と直感のみで服を選ぶ。高かったのに、傷んだら、汚れたらといった理由でのダメ出しを自分にしない。手にとった服を逡巡《しゅんじゅん》なくそのまま身につける。

それだけのことなのに、一日の始まりにつまずきがなく、よいスタートを切れる気がする。とても単純だけれども。

振り返るとこれまで「家用」の服が傷みやすかったのは、「傷んでもいい」というぞんざいな扱いが、どこかにあったからに思える。食べこぼしや調理の際のはねに、さほど用心しなかったし、ついたことに気づいても、そのまま放置してしまうことが多かった。

今は「ついたな」と気づいたら、すぐさま台所用洗剤で部分洗いし、シミを極力残さない。裾や袖口のほつれも、なるべくすぐ補修。

結果的に服の管理がよくなった。

クローゼット内の服は、どれも着られる状態になっている。前は取り出してみると大きなシミがついているなど、持っていても、着たいときに着られない服があり、数が増える原因でもあった。
家用と外出用とを兼ねることで、二重の意味で、服の数を減らすことに役立っている。

＊家で傷んでもいい服を着ていると、自分がくすんでいく。
＊家用、外出用を分けないことで服が増えるのを防ぐ。

好きなファッションか、ＴＰＯか

服を外出用と家用とに分けないことを書いた。が、その方針を通せない両域がある。ジャケットスタイルだ。

私のふだんの服装は、ワンピース＋パンツ。ワンピースはＡラインで、形はシンプルながらテイストはやや少女趣味かも。花柄あり、エスニック模様ありで、発色はきれいなもの。

自虐的に言うなら〝イタくなる寸前の、フリフリおばさん〟のスタイルである。

雑誌や本の打ち合わせには、その服で出かける。

先日、用事でとある新聞社に行った。場所は都心の大手町。高層ビルや地下街を、スーツに身を固めたビジネスパーソンが往来する。女性もそれにふさわしいスタイル。「この街にはチュニックという言葉は存在しないかも」と思った。

新聞社を訪問するにしても、若き起業家やIT関係のクリエーターなどだったら、Tシャツとデニム姿でも、「らしい」と受け入れられるだろう。が、私がそんなカジュアルな格好で行けば、「いいトシして非常識」と思われかねない。

女性向けのビジネスマナーの本で、「女性はスカートが正式の服装です」と読んだ。企業の会議に出ることもたまにある私。そういうところでは男性はグレーの上下で、私のふだん着ているようなワンピースでは、遊び半分みたいに思われそうだし、私としても居心地が悪い。

自分らしいスタイルにこだわるより場の雰囲気が優先と割り切って、ジャケット＋スカートにしよう。

ふだん買わないスタイルなので、どこに売っているかがわからなかったが、松山へ出張した帰りの日、空港へのバスの発車までの時間にたまたま入ったデパートで、いい感じのジャケットを見つけた。以来そのブランドの服を通販で買っている。

好きなワンピースのブランドの服は定価で買うが、仕事用はそこまでのテンションになれず、セールになるのを待って買うことが多い。

50歳を過ぎると、好きなファッションや自分らしいスタイルは、ある程度定まってくるけれど、社会とつながっている限り、そうでない服も必要。

私は主にふだん着と仕事用とだが、人によっては観劇やコンサートのための服、趣味のスポーツやコーラスのための服といろいろだろう。TPOに合わせるには、服を減らしていく一方の「終活」はまだ早すぎる。

TPOといえば法事の機会も今後増えてくる。私は以前ブラックフォーマルのスーツを「そろそろ恥ずかしくないものを、ここらで一式買っておこう」とかなり頑張って購入したが、ジャケットの肩パッド、袖の太さ、襟の形、丈の長さなど時代遅れになり、着られなくなってしまった。

今はスーツでなく、黒のジャケットとスカートまたはワンピースと、別々の機会に買ったものを組み合わせて、法事に出ている。

正式とは言いがたいが、TPOとして許される範囲であれば、その方法で乗り切りたい。

＊社会とつながっている限り、割り切って仕事用の服を買う。
＊喪服はブラックフォーマルでなく黒の組み合わせでも今は大丈夫。

シニアファッションの特徴

50歳を過ぎたら、よく利用している通販サイトから、見慣れぬカタログが送られてきた。いわゆるシニア向けのカタログだ。

請求したおぼえはないが、登録情報をもとに50歳以降の客には自動的に送られるのか。はじめてのカタログを見た印象は、すべてにグレーが混ざっている！

ピンク、レッド、パープル、ブルー……どの服の色にも微妙にグレーが混ざっている。そのために発色が悪くなり、ピンクであればくすんだピンクに。模様も、元気いっぱいの花柄とか水玉とかでなく、勾玉《まがたま》模様とか、怪奇番組のタイトル画面に出てくる墨流しふうの模様とか。なんとなく暗く、ハッピーでない雰囲気が漂う。

この年齢になると「落ち着いたものを好むようになるもの」と思っているのかもしれないけれど、逆だと言いたい。肌や髪の色つやはどうしたって年とともに衰えるが、そのぶん服で輝きたいのだ。

シルエットもそれまで届いていたカタログと違う。肩周りがゆったりし、袖もパンツの幅も上から下まで広い。それまでのカタログでは、上半身をコンパクトにまとめ、パンツもどこか一箇所は細く引き締めるのが主流だったのに、49歳から50歳になったとたん、どうして!?

ある年齢以降はこういう服を着るものだ、と一方的に押しつけられている感じがして、つい「このカタログは送っていただかなくて結構です」と、綴《と》じ込みのはがきで連絡してしまった。

とはいえ、50代からのファッションのお手本にしたい情報にもなかなか巡り合えずにいる。大人の女性向けのファッション雑誌では、同世代のモデルさんが登場していてすてきだなとは思うけど、50代の実情に合わないと感じる。

たとえば若々しい着こなし、として「腕は七分袖、パンツはロールアップして、手首、足首を見せるといい」と提案されても「年をとったら、手首、足首を隠すことこそ必要なのに、そこがむき出しだと、50代の女性は冷えてしまうのよ」と。

そんなことからも、ファッションはつい保守的になる。私でいえば同じブランドのワンピースかチュニック＋パンツかレギンスが、仕事以外ではほぼ一〇〇パーセントだ。

好きではあるけど変化に乏しいことは否《いな》めない。雑誌でモデルをつとめる同世代の女性がよくしている、マニッシュな着こなしもしてみたいと思う。

先日、デパートの通路を歩いていたら、向こうから来た私より20歳以上は年上とお見受けする女性が、突然「あっ、すてき！」と声を上げた。視線を追えば、すぐそばのショップのカットワークのワンピース。迷わずショップに入っていき、「すてき！」と言った服を、鏡の前で体に当てて試している。その姿は生き生きして、見ているほうが元気になるほど。

「すてき！」と感じた服を、素直に楽しむ。そんな精神の若さを、いくつになっても持つことが理想だ。

＊シニア向けの服には、すべてグレーが混ざっている！
＊肌の輝きが衰えるぶん、きれいな色を楽しみたい。

下着選びは実用第一

下着選びは、若い頃から実用第一だ。

あちこちが下がってくる年齢なので、補正下着をつけるという選択肢もあるが、きゅうくつなのが何より苦手で、それには至らず。ブラもショーツも通販サイトで買っている。

種類が豊富で、好みに応じて選べるのと、スペックを熟読できるのが通販の良さである。

ショーツは股上《またがみ》が深く、へそまで包み、締め付けのないものを。素材は、夏は木綿、冬は木綿に発熱素材を混ぜたものにしている。色はベージュ。

ブラも、とにかく締め付けを嫌って、不必要なほど大きめのものを買っている。カップではなくアンダーバストが、だ。前に店で試着したとき、販売員が採寸までしてくれるなど、親切なのはありがたいが「これはゆるすぎます。責任をもっておすすめすることはできません」と言い張り、大きいのを買わせてくれず閉口した。

通販はそういった「しがらみ」のないのもいい。条件を守れば返品もできる。

アンダーバスト以外で選ぶポイントとなるのは、カップの厚さだ。AかBかといった問題でなく、同じAでもカップそのもののパッド部分の厚さである。グラマラスでない私は、厚めのものを。デザインはレース付きだと肌に当たって痒《かゆ》いし、服にもレースの凸凹《でこぼこ》がひびく。シームレスで、色も肌との差がわかりにくいベージュばかり。

届いて使ってみて、着心地いいと感じたらまとめ買いし、同じものをつけ続ける。服はややフリフリの傾向にある私だが、下着はいたってシンプルなのだ。

かつてはブラのストラップが服からはみ出ているのは、恥であった。そうならないよう、ストラップを留める紐《ひも》が服にもついていた。

今は街でも若い女性が、水着かと思うようなカラフルなストラップを盛大にはみ出させて歩いていて、「下着も見えていい時代になったのだなあ」と感慨深い。見えていい、でなく「見せる時代」か？

私は今も「見せる」ことには逡巡がある。例外がスポーツジム。

最近までずっと半袖Tシャツにふだんのブラで運動していた。が、それだと暑いし、動きにくくもある。特にレッスンに出ると、閉め切った空間なのでとても蒸す。

周りの人は、私より年上の女性でもブラトップ一枚で平気でいる。

私はブラトップの勇気はないが、タンクトップにグレーのスポーツブラにしてみたら、快適。目立たないよう肌に似せたベージュのブラは、見えるとハプニングだが、スポーツブラは見えていいブラなんだ！

50代にしてようやく得た発想の転換。ジムでなら、スイッチを切り替えられる。

そのうちグレーにとどまらず、タンクトップとコーディネイトした色など、「見せる」ほうにもっとシフトしていけるかも。

*使ってみてよかったら、ブラもショーツも通販サイトでまとめ買い。
*スポーツジムでは開放的な「見せる下着」で発想の転換！

アクセサリーは軽い素材に

50代になってアクセサリーに求める条件は、極めて単純になった。つけているのが苦痛でないこと。何よりもそれが先にくる。

かつて仕事をいっしょにしていた、少し年上の女性が「40歳になったから、自分への贈り物としてプラチナのアクセサリーを買った」と言っていた。私もその年齢になったら、そんな心境になるのだろうかと思ったが、実際にはまったく違う道を突き進んでいる。

レースの下着は痒く苦手と、さきに書いた。アクセサリーに関しても肌への当たりが、年とともに気になるようになった。以前に比べ貴金属のアクセサリーをつけることが減ってきた。

振り返ると30代の頃は、ゴールドやシルバーのネックレス、あるいはそれらでできたチェーンに何らかの石のついたペンダントをよくしていた。が、だんだんに不快と感じるように。夏は汗をかくとチェーンが痒く、冬はつけるときに冷たい。石のついたペンダントは重くて首や肩が凝る。しだいにつけなくなり、あるとき思い切ってリサイクルショップに持っていった。

指輪もそのとき、半分以上手放した。若い頃は指輪は常につけていて、癒しのようなものを見出《みいだ》していた。仕事中や外出中にふと目に入ると、そこだけは小さく輝いていることにほっとする。若さゆえ、心に揺れやすい部分があって、そんな仕掛けを必要としていたのかもしれない。

今も指輪は好きだが、つけていないことのほうが多いし、つけても癒し、あるいは逃避といった精神的な意味合いはほとんどない。結果として前ほど要らなくなった。

が、減る一方かというとそうではないのだ。

貴金属や石からはずれ、代わりに突入したのが、おもちゃのようなアクセサリーの世界だ。雑貨店や世界の民芸品を扱う店などで売られている木や糸、革紐、布などで作られたもの。きれいな色、遊び心のある形、つけるストレスがないものを選ぶ。

つけていて軽く、肌への負担感もほとんどない。合成樹脂も軽くはあるが、質感の好みでいうと自然素材に軍配が上がる。

真珠はネックレスもブローチもかつて手放したが、コットンパールなるものを知って、再び身近になった。見た目はパールだがコットンを球状にしたもので、軽くて肌当たりがよく、印象も愛らしい。

一万円を超えるものはたぶんなく、ものによっては一〇〇〇円台。換金性はゼロに等しく、遺品として残されても困るだろうが、つけて楽しい点で、私にとっての価値は大だ。

「ストレス知らずのクローゼット」のところで書いた「かわいい」裁縫箱の中のひとつに入れている。容れ物の裁縫箱ともども、眺めるだけでも楽しい。

アクセサリーについては大人道を極めるどころか、子どもっぽいほうへ

「退行」した。

40歳の記念にプラチナを買ったと言っていた女性は、その後50歳を迎えたときはどうしただろう。

*値段より、つけて楽しいものを選ぶ。
*軽くて肌触りのいいもの、つけてストレスのないものが好き。

第 6 章

脳を刺激して老化予防

気分を上げたいときのヒットチャートCD

家でずっと同じことをしていると、疲れを早くから感じたり、「来る日も来る日もこればっかり」みたいに気分が上がらなくなってくることがある。パソコンに向かい続けるとか、洋服の整理をするとか、たまったレシートの整理とか。

危険、危険。単調で刺激の少ない日々を送っていると、老いの進行が加速してしまいそうだ。

そんな私が、自分を元気づけるツールとして出合ったのが、'80年代の全米ヒットチャートCD。シンディ・ローパーの「Girls Just Want to Have Fun」とか、シニータの「Toy Boy」など、音楽に決して詳しくない私でも、若き日に聴いたなと記憶を呼び起こさせてくれる曲がいっぱいなのだ。

このＣＤ、「馬」が引き合わせてくれたご縁でわが家に来た。

なぜに馬か？　私は俳句が趣味なのだが、月に一度参加している吟行の会で、その月は世田谷区にある馬事公苑を訪れた。厩舎《きゅうしゃ》から馬が練習場に出てくると、スピーカーからいきなり'80年代ポップスが流れてきたのだ。その曲に乗って、馬もなにやら元気に動きはじめる。

ああ、これ、20代の頃、街でよくかかっていた！　なんだっけ。曲名が思い出せない。

酪農や畜産の牧場でもモーツァルトを聴かせると、おいしい乳が出る、あるいはおいしい肉になるとかで、スピーカーが取り付けてあるのをニュース映像で見た気がする。これぞまさしく音楽療法。馬があんなに元気になるならば、私にも効くに違いない。

事実、その日、その曲を聴いてから、心の中でリフレインしているうちに気分がどんどん上がってきた。

「よく聴いたんだよ、なんて曲だっけ」

ひとたび知りたくなったら、心は五七五ではなく、ハミングをずっと繰り返していたのである。

帰宅後すぐ姉に電話し、ハミングして聞かせるが、「メロディは再現できているんだろうと思うけど、声質が違うからわからない」と、姉。

アマゾンで'80年代のヒット曲を検索し、「視聴する」をクリックし、出だしを聴いては「これじゃない」「違う」。ひとりイントロ当てクイズになってしまった。

結局今もわからずじまいだが、似た雰囲気の曲が入っていたのが、全米ヒットチャート集のCDだったのだ。聴きながら曲名を思い出そうとするのも脳トレのうち？

家にいてそのCDをかけると、なんとなく心が弾《はず》む。同世代の男性でいうなら、彼女とデートの約束をし、バイトで貯めたお金で買った中古のマツダのRX-7で迎えに行き、助手席に乗せるやユーミンの「中央フリーウェイ」のカセットのボタンを押す、みたいな、思い出すとかなり恥ずかしい青春の記憶が、心に初々しさを取り戻させてくれるのかも。

姉いわく、'90年代以降は電子音が主流になったけれど、'80年代は楽器を使った曲作りがされていたから、あの頃の曲は人間の生理に合うのでは。

単なる過ぎた日への憧憬《しょうけい》だけでなく、生理的な懐かしさがあるのかもしれない。それもリフレッシュにつながるのだろう。

＊青春時代のヒット曲は気分を上げてくれる。
＊現代のものより、懐かしい曲のほうが脳のリフレッシュに効く。

散歩が楽しくなるウォーキングシューズ

ある本を読んでいたら、高齢者には、床に白と黒のクッションタイルが市松模様をなすように張ってあるところが、平面にある模様ではなく段差に見えることがあるらしい。市松模様の前で足がすくんでいるお年寄りに、そう教えられたといったことが書かれていた。

なるほどと思った。筋力の低下という変化のみならず、「ものがそれまでとは違ったように見える」という認知上の変化が、歩く支障となることもあるのだ。

家族で父の介護をしたのは、父が80代後半から90歳までだが、やはり段差は苦手であった。

姉が父を連れてよく出かけていたのが、建物の二階にある洋食店。あるとき、帰りの時間にエレベーターが点検のため使用停止で、階段を下りないといけなかった。父は足がすくんで、どうにも動けず、結局は幼い子がするように階段にお尻をついて腰掛け、その姿勢で一段一段下りたそうだ。「まさか、そんなに怖がるなんて、思わなかった」と姉は驚き、私も同様だった。

が、そう悲観したものでもない。逆にいえば、「ものの見え方」といった認知上の変化は致し方ないとしても、筋力をつけて、そちらのほうから歩く力を底上げしていくことはできる。筋力は何歳からでも鍛えられると聞く。父の介護でそれを実感した。

そもそも父の介護をみんなでしなくてはと決断したきっかけは、父が平らなところでも転倒してしまうようになったことだ。

介護をはじめてから、秋の公園へ父と散歩に行ったが、父の前に落ち葉の山ができる。すり足のため、落ち葉を前へ押しながら進んでいるらしい。歩くにつれ、落ち葉の山が前へ移動し、それもだんだん堆《うずたか》くなる。歩くときの父がいかに足を上げていないかを知った。

が、しょっちゅう散歩に連れ出すうち、ちょっとした段差ならまたげるようになった。はじめは足のむくみがひどく、靴を履くのもたいへんだったのが、むくみもどんどんとれてくる。歩くことに関しては、高齢でも十分向上が可能なのだ。

散歩すると自然のエネルギーに触れられる。道行く人と会話することもある。そうした刺激がいいのか、散歩から帰った後の父の顔はいつも色つやがよく、表情も豊かであった。歩くことの効用を実感した。

幸いウォーキングシューズのデザインも多様になっている。かつてはつま先が丸く、マジックテープ、甲の脇の部分にファスナーがある「いかにも」なものがほとんどだった。二〇年近く前に亡くなった母の買い物に付き合うとき、よくそう感じた。

今はパンプスのように見えるもの、ストラップ付きのもの、ラメっぽい光沢のある素材など、好みに合わせていろいろ選べる。杖も「いかにも」ではなく、かわいいデザインのものが目につく。

歩くことをおしゃれにサポートしてくれる道具が増えて、それらを選ぶのも楽しみのひとつとなりそうだ。

＊年をとると段差が怖くなるというのは本当。
＊散歩は筋力アップ、心の健康にもつながる。

朝の新聞習慣で脳のスイッチをオン！

一〇年後、二〇年後、自分はどんな生活をしているだろうと、ときどき考える。

想像の中の私が朝一番にするのは、新聞を読むこと。その頃も新聞はまだ紙に印刷されているかどうかわからないけれど、されていたらきっと取り続けている。新聞を読むのをやめると、脳の働きがいっきに衰えてしまう気がするので。

毎日の習慣として、なるべく朝、新聞受けから取ってきてすぐ読むようにしている。出かける時間が迫っていたり帰りも遅かったりすると、翌日に持ち越してしまうこともあるけれど。

低血圧……のことは虚弱体質をアピールするみたいなので言いづらいが、

実際問題そうなので、起きるなり忙しく立ち働くとふらふらする。体にスイッチを入れるためにも朝刊と向き合う時間があると、ちょうどいい。

年齢を重ねるとどうしても、好みや価値観が定まってくる。いい意味でも悪い意味でも、自分の守備範囲が決まってくる。そして守備範囲に入らない情報は、積極的には得ようとしなくなりがちだ。

特に私はひとり暮らしなので、家族から情報が入ってくることはない。また「この方面は家族にお任せ」ということもできず、三六〇度が社会との接点となるので、守備範囲の情報のみに偏ってはいけないないという危機感がある。

新聞はめくっていると、守備範囲外の情報でも、自然と目に入ってくる利点がある。広い情報の「入口」であり、世の中の動きもなんとなくわかる。その意味で、社会とつながっている実感も得られる。頭の体操になることは言うまでもない。

一昨年、取材のために海外で一〇日間過ごしたときは、スマホでネットのニュースを見ていた。帰国後、その間の新聞を読んでみて、「新聞とネットでは情報の入り方がまったく違う」と感じた。

ネットのニュースは、人々の関心を引くような話題が上位に表示される。ゴシップや事件が、どうしても多くなる印象。広告も目を引くようにたくさん入っている。

新聞は開くだけで「今日はこういう日だったのか」という全体像が、ひと目でわかる。社会の成員として共有すべき情報が見渡せる。どの記事にどれだけ紙面を割いているかによって、ことの軽重も把握できる。

情報を得るだけではなく、なごみのような役割もある。投書欄のエピソードで「世の中は捨てたもんじゃないな」と思えたり、身の上相談欄を読んで、なるほどと考えさせられたり。

年をとるほどにメリットを感じている新聞だが、難点は処分の負担感である。週一回の資源ごみの日にまとめて出すが、前日の夜疲れて束ねる体力気力がないと断念。すると翌週いっそう重くなる。

これも体力を維持するためのトレーニングだと思って受け入れている。

＊起床時にその日の朝刊を読むことで脳を活性化。
＊ネットよりも新聞のほうが客観的に世の中を見渡せる。

ミーハー解禁

50代になって趣味や頭の使い方で変わったと思うのが、「ミーハー」を解禁したこと。私の場合は、フィギュアスケートの観戦だ。

前著でそう書いた後、あまりに人気が過熱したので、積極的には言っていない。フィギュアスケートにはまるのは中高年の女性らしく、世間には揶揄《やゆ》する向きもあるからだ。羽生選手のファンを「ユヅリスト」などと、民放のニュースで呼んでいる。が、私に言わせれば、そのセンスこそ揶揄したい。ユヅリストって何？　その昔、吉永小百合のファンのことをサユリストと言ったそうだが、それのもじり？　だとしたら、どういう年齢層の男性が、ユヅリストなる命名をしたわけ？　第一その呼称、民放のニュース以外で聞いたことないんですけど。

息巻いてしまったが、私がフィギュアスケートを好きな理由は別にある。ネガティブなものを感じないからだ。

認知症の特徴として感情は鋭敏である父が、テレビでフィギュアスケートはよく見ているのを見て、そう思った。氷の白もきれい、衣装もきれい、音楽もきれい、選手の動きもきれい。

サッカーなどでは審判の目を盗んで、相手を蹴《け》ったり足を引っかけて転ばせたり、テレビの前の私も「えー、卑怯！」と憤慨するような場面があるが、それがない。

滑っている本人はたいへんだろうが、父にとっては、心を脅かす要素がなく、ただただきれいなものを見ていることで、穏やかに気持ちよくなれたのでは。

介護の間父に付き合って見ていたのが、だんだん私にうつってきた。父の状態が目を離せないものになってきてからは、じっくり見ているわけにはいかなくなったが、そこで終わらないのが私の凝り性なところ。

週末の介護が終わり、日曜の夜遅くに自宅に帰ってくるとパソコンを開いて、その日行われた競技の「採点表」（というのが国際スケート連盟から発表される）を見て、頭の中で演技を再構成する「脳内観戦」をするようになる。時間があれば動画を探して見ることも。

若い頃のファン心理と違うかも、と思うのは、特定の選手だけでなく「箱」で応援することだ。必死で滑って、成功して笑顔になったり失敗して唇を噛みしめたり、一喜一憂のすべてを「みんな健気《けなげ》に頑張っているのね。えらいわ」と思ってしまう。

年をとったからこその、若い人への温かい視線というか博愛精神というか。たぶんそれも世間から揶揄されるゆえんだろうが。

試合を見はじめると、一年に流れみたいなものができてくる。新シーズンのはじめは七月一日、そのシーズンの曲や振り付け師、挑戦するジャンプ構成などが発表になり、一〇月からのグランプリシリーズ、年末の全日本選手権、そして三月末の世界選手権。すべてが終わって虚脱感にとらわれる四月には、アイスショーがはじまって……。

一年に仕事や日常生活とは別のリズムというかサイクルができてくるのは、心浮き立つことである。

*年齢を重ねたからこそ、ときめきを大切にしたい。
*ミーハー行事で一年にリズムができるのも楽しい。

認知症予防のためにやっていること

老後へ向かっていくにあたり、多くの人がいちばん気になるのが、認知症ではないだろうか。なったらたいへんそう。でもかなりの割合で、なる。できれば予防したいけれど、何が予防につながるか、諸説ありすぎてわからない……。

「これをしていれば一〇〇パーセント大丈夫」というものがないからには、結論を先に言えば、「今の自分の満足のためにする」と割り切ってしていこうと思っている。万全を期すると、効果がなかったとき落ち込むから。

このあたりの考え方は、がんの再発予防のときと似ている。ただ不安でいるよりは、今できること、してみたいと思うことを実践すれば、不安の解消につながると。

そう思ってしていることのひとつが、ホルモン補充療法（HRT）だ。

更年期症状の緩和のために受ける人が多いが、私の動機は、認知症に関して、女性は男性よりも倍の確率でアルツハイマー型認知症になるそうだが、HRTを受けることでリスクを男性と同等に下げられるといわれていると聞き、「よし、してみよう」と。

効果のほどは将来にならないとわからないが、受けてみて逆に「あー、私、自分では更年期症状があるとは思っていなかったけれど、あったのね。あれがそうだったのね」と感じた。唇がひび割れそうで常にリップクリームが手放せなかったり、服の脱ぎ着のとき顔の皮膚がこすれて痛かったり。そうした乾燥が改善された。

手足の冷えも緩和されたが、それには加圧トレーニングの効果も加わっているかもしれない。

脳の若さを保つには、「したことがないこと」に挑戦するのもいいと聞く。運動をするのでも、マンネリにならずに別の種類のことをたまにはするとか。

私は加圧トレーニングの他、ジムのクロストレーナーというマシンで歩いているが、先日別のマシンで二年ぶりぐらいに走ったら、脇腹の肉が上下に揺れるのを感じてショックだった。二年前にはなかったことである。それだけ脇腹に贅肉がついたのだ。運動をしているつもりでも、加齢は二年分確実にしているわけで、ふだん鍛えていないところに出ている。

ルーティンで行動せず、たまには違うことをしてみるのも、老化の現象を知り、自分への注意喚起をするのに役立つのかも。

そう思い、先日は初めてのクラスに出てみた。ステップを上り下りしながら体を動かすらしい。

フロアに入ると、後ろのほうは混んでいる。不慣れな私は、周りの人と違う動きをしてしまうだろうから、ぶつかってはいけない。先生の前が空いていたので、そこにステップを置いて待っていた。

先生が登場し、開口一番、

「そこは空けてください。そこにいると皆さんに私の動きが見えにくいので、周りの方への配慮をお願いします」

そう言われる。

えっ、「そこ」って私のいるとこ？

私って配慮のない人間なの？

で、でも、他のクラスに出たときは、先生は後ろに人がたまることに困っていて、「前のほうに来てください」と繰り返し促していたのだ。

という思いのまま体を動かし、正直、あまり楽しくはなかったが、後から考えてみると若いときは、「えっ!?　なんでここで私、怒られるの？」という経験はしょっちゅうあった。

年をとって叱られることが少なくなっていたから、ジムでひとこと注意されたくらいで、必要以上に引きずったのかも。

いけない、いけない、あれはひとつの過剰反応。

年をとってもジムにはずっと通い続けたいと思う。三つ年上の姉も通っている。通いはじめたのは私よりずっと遅く、最初の頃こそ周囲との間に距離をおぼえていたようだが、知り合いがどんどん増えて、今では私よりもはるかに多くの人と挨拶や会話を交わす仲らしい。

ふだんと違う運動のみならず、いろいろな人と交流したり、時には注意されてとまどったりするのも含め、ジム通いは脳によい刺激となりそうだ。

＊認知症対策は「今の自分の満足」のためにする。
＊時には注意されたり叱られる経験も、脳への刺激になる。

第 7 章

人生はさらに
味わい深く

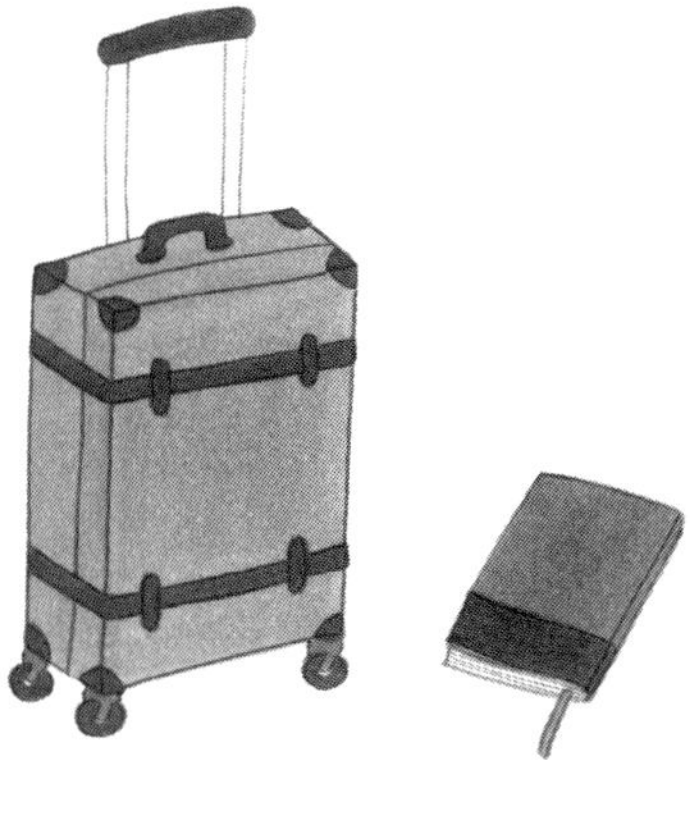

いい大人だから泣けることがある

とみに涙もろくなってきた。児童文学『フランダースの犬』を読んでも、ラストでじわっとくるくらいだ。昔の私からは考えられない。

かつての私は、すかしていた。

泣けるように作ってあるとはわかるけど、いや、わかるほど、

「その手には乗らない」

「そんなよくある手にまんまと引っかかるほど、単純な人間ではないわ」

と意地を張っていた。若さとは、そういうものだろう。

父を介護していた家が、井の頭自然文化園と近かったことから、介護の間、その家に置いてあった本がある。井の頭自然文化園で、ゾウのはな子の飼育にあたっていた人のことを、息子さんが書いた本で『父が愛したゾウのはな

子』（山川宏治著／現代書林）だ。

姉と交代に読み、「いやー、泣けたわー」「最後のところで、涙腺崩壊」などと話していると、そばで聞いていた姉の20代の息子が、「あー、事故を起こして人間不信になっていたゾウを飼育員の愛と献身的な世話によって、ゾウが心を取り戻すって話でしょう」と言う。読まなくても見当がつくと。

私は力説してしまった。

「あなたはきっと、こんなよくあるパターンの話で、いい大人がよく泣けるなって思うだろうけど、いい大人だから泣けるのよ。本の内容そのものだけでなく、内容から想起される思い出、過ぎた日々への憧憬、二度と返らぬ時間への愛惜、そういったもの全部ひっくるめて泣けるのよー」

20代男子にしたら「はあ～？」となる話かもしれないが、年をとったら必ず彼にもわかる。

そのはな子が、二〇一六年に69歳で亡くなった。国内最高齢のゾウということもあり、ニュースで大きく報じられた。翌日の夜、駅近くのスーパーで買い物をしていると、後ろで中年夫婦の会話。夫は会社帰りで、妻は昼間、井の頭自然文化園へ献花に行ってきたらしい。

「献花台すごく混んでた。涙ぐんでいる人もいた」

妻の声を耳にしながら、私は内心、夫のほうは嫌味のひとつも言うのではと思っていた。「俺がストレスまみれで働いている間に、おまえはゾウに献花なんてヒマだな」などと。

ところが、意外。

「そりゃそうだろうよ。六九年も生きてたゾウなんだから、誰もが何かしら思い出があるさ」

えらい！　なんて理解ある言葉。振り向いて拍手したい衝動をこらえたのであった。

新聞記事でも70代の女性が取材に答え、「自分と同世代。幼なじみのような存在です。子どもの頃は母に連れられて。年とってからは孫とも、はな子に会いに来ていた」と。

四世代にわたる交流があったのだ。私も、車いすの父を連れていったことがあり、姉も息子たちの小さい頃、母とともに会いに来ているという。恥ずかしながら、私も献花台が少し空《あ》いてきてから行った。はな子へのメッセージを募集していたので、備え付けの紙に鉛筆で書いて、箱に入れてきた。

「家族とも別れて、私たちのもとへ来てくれてありがとう。生まれた国にはたぶんない、雪に遭い、地震にも遭いましたね。たくさんの人に愛され、たくさんの人を幸せにしてくれましたが、ゾウの仲間と触れ合うことのない一生を送ることになってしまったのが、申し訳なく、気がかりです。天国でお父さん、お母さん、きょうだいたちと思いきり遊んでくださいね」って……。ポエムか！

年をとると何を見ても、記憶の中の何かが想起されてくる。それは哀しみというよりも、人生をより深く味わえることのように思う。立川昭二《たちかわしょうじ》さんの『年をとって、初めてわかること』（新潮選書）という本にも、そんなことが書いてあった。読んだのは40代半ばだが、もう一度読み返したい。

姉の息子は一八〇センチ超の長身だが、80代とおぼしき近所のおばあちゃんが、道で毎日のように会うたびに「まあまあ、いつの間にか、こんなに大きくなって」と涙ぐまんばかりに手をとり、「こんなに手が冷たくて、だいじょうぶ？」と言うのだそうだ。そのおばあちゃんの気持ち、なんだかわかる。

50代でそれがわかるようでは、80代では涙腺が溶けてなくなっていそうだが、人生はよりいっそう味わい深くなっているだろう。

＊若い頃はそうでなかったのに、涙もろくなる。
＊何かのきっかけで思い出すエピソードが増える。

「ああ、何てかけがえのない時間！」

老いとは、人生の味わいが増すこと。旅の味わいもこれから先、もっと増していくだろう。

父が90歳で亡くなり、介護が終わってから、仕事で久しぶりに神戸に一泊する機会があった。その夜のことは忘れがたい。

ホテル内のレストランは夕食だと二〇〇〇円以上しそうなので、近くのスーパーでお総菜とカップうどんを買って部屋で食べた。窓の向こうには、港の美しい夜景。それを前にして私はひとりカップうどんをすすっているわけだが、みじめな気持ちはまったくなかった。

特別なイベントがあったわけでも、旅先のアバンチュールがあったわけでもない。生きて、今この瞬間は、何の心配事もなく、くつろいで夜景を眺め、カップうどんをすすっていられる。それだけで、「ああ、何てかけがえのない時間」と感じた。

若いときは、ホテルに泊まってもそんなふうに感じたことはなかった。神戸の夜景もきれいなことはきれいだけど、

「クリスマスでお泊まりするカップルでもあるまいし、こんな、さあロマンチックでしょ、と言わんばかりの夜景に心奪われていたら、女がすたる！」

と意地を張っていたから、ほんと、かわいくない人間だった。

今はそんな意地などなく、きれいなものには素直に「きれいだわ〜」と思える。カップうどんでこんな気分にひたれるのだから、コスパはよくなっていそうである。

介護でいえば、作家の平安寿子《たいらあすこ》さんの体験談を思い出す。介護の途中に一回だけ、広島県から神戸にバレエの公演を見に行き感動した。もしも本場のバレエを見ることができたら、介護のつらさを忘れられるかも。思い切ってお姉様に相談すると、快く送り出されてヨーロッパへ。そのときのときめき

が今後を生きる大きな力となった、といった内容だった。

同世代の友人も、ご両親の具合が悪く不安定な状況だけれど、好きなアイドルの切り抜きをスクラップしたり、コンサートで振るうちわを作っていたりする時間が癒しだという。前章でも述べた、大人だからこその「ミーハー解禁」だ。

もしかしたら私には「海外旅行解禁」の時期も来たのかも。これまでは介護、その前は自分の病気もあって家を出にくいことから、人には「海外旅行と結婚は老後の楽しみにとってある」と説明してきた。

結婚はもうするつもりはないが、海外旅行はしてみたい。

一昨年、仕事でクロアチアへ一〇日間の旅をした。パスポートなどずっと使っていなかったので、「どこにしまい込んだかしら？」からはじまる旅だった。

帰国してからの時差ぼけが、思いのほか長引いたのには驚いた。昼間、眠気に襲われることが二週間くらい続いて閉口した。

この先海外旅行をすることがあったら、以前より疲れやすくなっていることを前提に計画を立てないと。シニア向けのツアーに入るのも一方法と考えている。

＊50代からは経験を重ねたゆえの楽しみが待っている。
＊シニア向けツアーで海外旅行するのが夢！

年齢と共に高まる能力と技術とは

仕事はできるだけ長く続けていたい。

働く目的はもちろん、生計を立てるためが第一だが、お金の心配がない立場になったとしても（ほぼ、あり得ないが）、何かしら仕事はしていたい。

今の仕事をしていてうれしい瞬間は、やはり「企画」が決まったとき。場を与えられた喜び、スタートラインに立つことができた高揚感を毎回感じる。

それから、仕事をしている時間の集中している感じも好き。書籍であれば、あとがきを書き終えたときの達成感や、読者の方から共感の声をいただいたときのうれしさも。

よく、「物書きの人は、興が乗ってくるといつまでも書いているし、乗らないと書けないのでしょう？」と言われる。が、仕事である以上、一定のペースで「生産」できることは必要。

想像するより、はるかに淡々とした、興の乗る乗らないに左右されない、誤解をおそれずに言えばルーティンの作業になっている。

とはいえ、集中力はイコール体力なので、ずっと持続はできない。休みを入れることが必要だ。だいたい一時間半ぐらい集中すると、郵便物を取りに行ったり、メールチェックをしたり、お茶を入れたり。集中力が途切れることも織り込んで、緊張と弛緩《しかん》のリズムをとっている感じだ。

もちろん疲れが残っていたり風邪気味だったりで、「今日は集中力がいつもほど出ない」ということもある。そういう日もそういう日なりにできることを進めて翌日に修正する。

以前、彫刻家の女性のインタビュー記事で「若い頃は溢《あふ》れる情熱の勢いでもって、一気に彫り抜くようなことをしていたが、年をとると、直す技術が高くなった」といった内容のことを読んで、なるほどと思った。

私も集中力がいまひとつと感じる日は、後でかなり修正するだろうことを前提に、下地を作っておくという気持ちで作業する。興が乗らないからダメ、といったオール・オア・ナッシング的な発想はない。

一時間あたり、一日あたりの生産量は、年とともに低くなる。確実に落ちている。

これはもう、20代から同じ仕事をしているので、はっきりと感じる。が、落ちていても、焦らず対応する力、スケジュール管理によって調節する力はむしろ高くなっている。

周囲のいろいろな方とコミュニケーションをとる技術も高くなったと感じる。書くことそのものはひとりでする作業だが、コミュニケーションはその前後で絶対に必要だ。説明を受け止めて、企画の趣旨や、その中の位置付けなどを理解したうえで進めれば、後になってやり直しといったことが少なくてすむ。それは労力の軽減にもつながる。

こうした「自己運営力」みたいなものは、仕事だけでなく家事においても、前よりついてきている気がする。

体力の低下は避けられないが、それを補う運営力を高めていけば、家事でも仕事でもそれなりに続けていけるのでは。

悲観したものではない。

＊生産量は落ちても、調整する力が上がった。
＊仕事も家事も、「自己運営力」を高めていけば大丈夫。

介護で感じた、人を頼ることの大事さ

父が86歳の頃、いわゆる脳活になればと日記をつけることを提案した。父が亡くなってから当時の日記を見ると、「ぼけてみんなに迷惑をかけたくない」という言葉があり、こんなことを考えていたんだと驚いた。

衰えが気になって、私の家の近くにマンションを見つけて引っ越してきてもらったのだが、それ以前、人に差し上げるつもりで同じお盆を二回買ってきてしまい、「ひとつあげよう」と恥ずかしそうに私にくれたことがある。失敗を隠したい気持ちや、忘れていく恐怖や不安、葛藤があったのだろう。

そこで「もしかしたら認知症かもしれない！」と早めの受診につなげていれば、父のためによかったのかもしれないが、私たち家族は危機意識が不十分というか、父の物忘れや失敗を、「まあ、年をとってきたからそういうこともあるでしょう」と受け止めていた。

父がたとえば夏なのに雪の心配をするといった、とんちんかんなことを言っても特段否定せず、窓の外を覗《のぞ》いて「あ〜、今は降っていないみたい」。昭和のホームドラマにありがちな「またおじいちゃん、そんなこと言って〜」と家族も本人もいっしょになって笑っている、そういう雰囲気の中にいた。

言うこと言うこと否定され続ければ孤独になるし、鬱屈《うっくつ》や怒りも溜まるだろう。認知症に限らず人の感情に共通することだと思う。

父が介護をしやすい人だったのは、環境との相乗効果も大きかったと思う。いつ、誰に助けていただくことになるかわからないから、周囲との関係作り、環境作りは大事である。

マンションに引っ越したときに、

「高齢の父が住みはじめます。どうぞよろしくお願いします」

と書いた紙をご近所に投函し、管理組合の役員が回ってきたときは、役員会で顔を合わせる折りなどに、父が世話になっている礼を述べた。

「世話になっている」とはほんとうで、たとえば介護のどたばたの中、ものを落として大きな音が響いたり、父の出入りで集合玄関を占拠してしまったりもするが、皆さん寛容だった。そういうことも本人や家族を楽にしてくれる。

ある日、父と姉の息子が散歩していたときに、近所の方が父に話しかけてくれて、姉の息子のことを「どなたですか」と尋ねたという。父が、

「弟です」

と答えると、年齢からしてそんなはずはないのだけれど、近所の方も察して、

「そうですか。いっしょにお散歩、いいですね」

その人もまた、父の言うことを否定しないのだ。

こんなふうにゆるやかに見守ってもらえる空気のおかげで、冒頭に書いた不安や恐怖はありながらも、落ち着いた状態で過ごせたように思う。

平日の日中は姉、夜は兄、週末は私、そして姉の息子たちの手助けと、多数のかかわりのあったことも、あまり追い込まれることなく、介護の期間を乗り切れた理由だろう。ひとりで背負わずすんだことは、ほんとうに幸運だったと感じている。

介護保険を申請して、担当になってくれたケアマネージャーさんには、限りなくお世話になった。介護用品の分厚いカタログの中から、そのときの父に合った必要なものをてきぱきと提案してくださった。

室内用の車いすにしたって何種類もあるのだが「今のお父さんにはこれがいいと思います」とレンタルを手配。お尻の清潔のために携帯式シャワーボトルのようなものがあることも教えていただいた。

ケアマネージャーさんはよその家のことを語らないが、漏れ聞くに、ケアマネージャーさんが到着しても玄関を開けるまではするけれど、別室に行ってしまい、かかわらない家族もあるそうだ。このうちの人は介護の仕事を下に見ているな、と感じることも。

プロの方だからどんな状況でもベストを尽くすのだろうが、介護を受ける側としてそれでいいのか。

年をとると誰もがなんらかのかたちで、人に助けてもらわないといけない局面が必ずや来る。助力を仰ぎたいなら、まずはこちらから心を開く、そして相手を敬《うやま》うことは必要だと思う。

＊周囲から見守ってもらう環境作りを心がけよう。
＊介護してくれる人への感謝と尊敬を忘れない。

身につけたい「ありがとう」の大切さ

年老いて必要になるのは、心を開き、人を頼る力。

それと同じぐらい大切なのは、今さらめくが、「ありがとう」を素直に言えることではないか。そしてそれは気の持ちよう以前の、習慣であるように思う。

またまた父の話になるが、彼は大正一二年生まれ。昔の男性にしては人あたりが柔らかく、「ありがとう」をよく言う人だった。

もちろんかつてはとげとげした部分もあった。とにかくマナーにうるさい。昔から家族で食事に出かけても、たとえばお店で席まで案内される順番を守らない人に注意したり、電車の中でも連結部のドアを開けてそのまま行こうとする人を「閉めなさい」と呼び止めたり。

私は家族で食事をするときは、楽しく過ごすことが第一だと思うほうだから、せっかくの雰囲気を壊してしまう父に対し、「これだからお父さんと外に出るのは嫌！」と内心思っていた。

60代、いや70代前半まではそうしたシーンが多々あって、「年をとるにつれて、人間丸くなるって、嘘だわね」と姉とよく話していた。

が、80代後半の超高齢者になると、あれほど堅固《けんご》であった角《かど》がとれてきた。

そしてマナーの中でもお礼を言う習慣のみが残った。

入院して点滴をしていても、父は治療中であることからして忘れて、点滴の針を抜いてしまう。

「お父さん、これは命のお薬が入っているから抜かないでね。これを抜いてしまうと死んでしまうのよ」

と半ば優しく、半ば脅すように話しても、

「ああ、それはいいことを教えてもらった。ありがとう」

と言って、次に面会に行くと抜いている。

ナースステーションに針を刺してくれるよう頼みに向かう私の心は憂うつだった。何度も同じことを繰り返し、さぞや困った患者であることだろうと。が、とある看護師さんが言うことには、父は不快だから抜いたのであり、それをまた刺されるのは嫌だろうと思うのに、そのつど注射をさせてくれる。そして、「ありがとう」と言ってくれる。

「何かお世話をするたびに必ず『ありがとう』とおっしゃるんですよ。私たちはみんなお父さんのことが好きです」

そう言ってくださって、ほんとうに救われた。

同時に、お礼を言う習慣が「身を助く」とも感じた。人に面倒をかけてしまうことでも、感謝の言葉を口にするかどうかで、サポートの姿勢は変わってくるのではあるまいか。待遇が変わる、とまで言っては、あまりに功利的になってしまうけれど。

心が先か言葉が先かなどと言われるが、老後を生き抜いていくうえで、感謝の言葉は反射的に出るよう、いわば癖として身につけておきたい。

老いた父からそう学んだ。

＊「ありがとう」は気持ちの良いサポートを引き出す。
＊感謝の言葉を習慣にしておくぐらいがちょうどいい。

これからは「自己解放」に挑戦したい

生活研究家の阿部絢子《あやこ》さんは、私が「こうなりたい」と思うひとりだ。同じく「こうなりたい」と目標にしていた吉沢久子さんのお宅で、何度か食事をご一緒した。

テレビで知る阿部さんはざっくばらんなお話しぶり。実際にお会いしても同様で、テーブルでも台所でも、体が先に動くタイプ。毎年海外にホームステイしたり、仕事では「先生」と呼ばれる立場なのに、街なかのドラッグストアで薬剤師として働いていたりなど、フットワークが軽くてとても活動的。

けれども、阿部さんのご本を読むと、もとはとっても慎重で生真面目な性格だったが、あるときからいわゆるキャラクター変更したらしい。その転機がなんと飛行機に乗り遅れたことだそうだ。そう知って私は拍子抜けし、同時に「わかる」と思った。案外そんな出来事がきっかけとなるのだろう。

私もまた自分から言いにくいが、とても生真面目だ。

締切に向けて自己管理していくという職業柄もあるだろう。前もって段取りを立てないと「できなかったらどうしよう」と不安だし、段取りどおりに進まないと落ち着かない。

が、いくら段取りしたって、どうしようもないことは起こるのだ。

この性格を根本から変えなければとは思わない。仕事のみならず病気や介護、あるいは引っ越しなどでも、段取り好きが効を奏した局面は何度もある。

ただ、生きるってそれだけではないとも思っている。少しずつゆるめるための自己解放をしていきたい。自己解放といっても、カウンセリングを受けるとかグループセラピーに参加する、といった本格的なことではないのだ。楽しみながら進んでいけること。

たとえば、泳ぎ。クロールは正しく泳げれば、ストレッチになり心身をリラックスさせられるという。そう聞いてＤＶＤを買って勉強（この行動パターンからして生真面目）したが、うまくいかなかった。いつかレッスンに出て基礎から教わり、身につけたい。

運動でいえば、リズミカルな曲が流れてきたら、自然と踊れるようになりたい。ジムでダンスのレッスンに一度出てみたが、地道な筋トレばかりしている私は、動きが遅いし、左右対称に同じ回数ずつしようとしてしまう。

でも、ジムで長年、Tシャツにトレパンといった体育の授業みたいな保守的な服装をしていたのが、50代になってここ最近タンクトップを着るようになったから、それだけでもずいぶんな前進だ。色は今のところグレーだが、この先もっと派手になっていくかしら？

＊50代は自分の性格をとらえ直すいいチャンス。
＊楽しみながら無理なく、少しずつ自己解放をすればいい。

命の終え方について

50歳になったとき、その年齢は自分の中で予想以上のインパクトがあった。人生の折り返し地点は、どう考えても過ぎた、と。

そして55歳、四捨五入して60歳になり、その先のことに思いを馳《は》せる。

長生きはしたくないという人もいるが、私はできるだけ長生きしたい。40代で「もしかすると、あと数年の命かも」と思う時期があり、幸いにもそこをくぐり抜けられたから、短く終わっては惜しすぎる。

長く生きれば、排泄で人のお世話になる局面も出てこようが、そのことへの抵抗はない。病気で入院していたとき、導尿はすでにしてもらっているし。（あ、でもあのときは便はなかったか。消化器の病気のため絶食をしていたので）。

理想の命の終え方を言えば、一にも二にも、痛みや苦しみの少ないこと。これに限る。入院中、思ったより病気が進んでいたとわかったとき、すぐ、院内の緩和ケアの情報を集めにロビーへ下りていったほどだ。

延命治療については正直、どこからが延命治療にあたるのかという具体的なイメージを持っていない。父のときは亡くなる一カ月前に緊急入院した際、当直の先生が「残念だけど、もう家に帰るのは難しいでしょう。体に穴を開けて太い栄養の管を入れて、本人はまるまると太るけれどお話ができない、そういうことはしなくていいですよね？」というふうに、方向づけをしてくれたのがありがたかった。ほんとうなら、終末期医療の知識や心構えをもっと持たないといけないのだ。

自分のお葬式はどうするか。そこまでプランニングする気には今の時点ではなれないのだが、葬式を出す側の家族が困らないよう、最小限のメモは書いてある。

どこに頼んでくださいというだけのメモで、遺影になりそうな写真は一応数点、メモのそばに用意してあるけれど、うまく引き伸ばせるかわからないし、どれを使ってもいい、花は何でもいい、流してほしい音楽の指定もない。出す側のしやすいようにしてくれれば十分だ。

父が亡くなったのは緊急入院から一ヵ月後だが、それまでに何度か危篤という事態を迎えていたので、親には申し訳ないけれど、お葬式の情報だけは集めておいた。インターネットで「小さなお葬式」といったキーワードで検索し、定額制で四〇万円ちょっとだったか。父にとっての子と孫だけですませた。

母のときは、父がまだ元気だったので、もっと規模が大きくてたいへんだった。お葬式の規模は、亡くなったときの年齢にもよろう。仕事を引退してすぐであれば、仕事関係の人も来るだろうし、親族、特にきょうだいたちもまだ比較的若い。地域によってもさまざましきたりがあり、必ずしも小さくすますわけにもいくまい。

が、母のお葬式のときわかったのは「たいへんでも、三日ですべて終わる」ということ。そう思っていれば、お葬式を出してもらう身としても楽だ。何らかの面倒をかけてしまうのは仕方ない。生きている間も死ぬときも、人に迷惑をかけずにいられる、と思うほうが傲慢《ごうまん》である。

人は誰かに頼り頼られしていくものなのだと50代半ばになって素直に思うようになった。

＊お葬式は出す人のやりやすいようにしてくれればいい。
＊人は人に迷惑をかけつつ生きて死ぬもの。

おわりに
めざすは60歳でリスタート！

「こ、この私が四捨五入して60なんて、ホント？」

というとまどいからはじまった55歳。

そんな私に年上の女性と話す機会がありました。四捨五入するまでもなく、正真正銘60歳を迎えた人です。その人が私に聞くに、

「還暦のお祝いで赤いちゃんちゃんこ着るわけ、あなた知ってる？」

還暦とはご存じのとおり、十干《かん》十二支《し》からなる暦が一巡して、生まれた年の暦に還《かえ》ること。赤い色は魔除けとして、赤児《あかご》の産着に使われていた。その色を着ることは、生まれ直しの意味があるのだと。

そうなのか！　60歳を前にした知り合いには、「あんな赤いちゃんちゃんこを着せられて、おばあさん扱いされるのは嫌だわ。絶対しない」と拒否感

を示す人が少なくないけど、おばあさん扱いどころか、赤児に戻ることとなのか。実際にそのときになり自分が着るかどうかは別にして、その話はとても励みになりました。

60歳は、リスタートなのです。

リスタートの先取りと言えそうなのがリフォーム。ついに自宅のリフォームに着手しました。家を支える骨組み以外は一新する、スケルトンリフォームです。

年をとるにつれ「これっていつまでできるかしら?」と思うことのひとつに、冬ごとのホットカーペットの敷き込みがありました。

テーブルのはしを両手で持ち上げ、足でカーペットを滑らせて、だましだまし入れていく。当然重いし、無理な体勢のため筋肉痛に。敷きっぱなしでは夏は暑苦しいので、逆にずらしていって取り除き……たいへんすぎる。

床暖房にできたら、この作業から解放される! 床暖房のみの導入も考えたけれど、床が一〇センチくらい上がるので、ドアもそのままでは使えないし、せっかく床暖房にするなら壁や窓も断熱化するほうがいいとわかって、熟慮の結果ついに決断。

「リフォームは老後の楽しみ」と前々から言っていましたが、シニアを迎えるより早く、前倒しで行うことにしました。

手すりをたくさん装備する、いわゆるバリアフリーリフォームではない。どこに手すりが要るかはそのときの状態によって違うだろうし、介護保険で安く取り付けてくれることも父の介護のときにわかりました。

ただ、将来手すりを取り付けやすいよう、トイレの壁に下地を仕込んでおくなどは、やっぱり老後を意識してのこと。さりながら、現在への効果は大きい。リフォームしてみて、かつての私は冬の寒さ対策に多くのエネルギーを使っていたのだなと思います。

また壁紙ひとつにしても、やはり暮らし全体のリフレッシュ感がある。こんな大々的な模様替えは、30代半ばで今の家に引っ越してきてから初めて。気分一新で、シニアに近づく日々を過ごしていこうと思います。その中で考えたこと、実践したことを、また本で報告できればうれしいです。

〈追記〉

そして人生、何があるかわからない。一〇〇年に一度といわれる感染症（新型コロナ）の世界的大流行にまさか遭遇しようとは。感染リスクを下げるため不要不急の外出の自粛や、人との接触を控えることが求められました。

つくづく思ったのは、行きたいところへは行けるときに行っておこう、会いたい人には会えるうちに会おう、自分の意志を超えた事情でできなくなることがあるのだからと。そして、夢中になれるものを持っていると、不安や閉塞感に押し潰されにくいようにも感じました。

快適老後を過ごすため、この体験を生かしたいと思います。

岸本 葉子

本書は２０１７年2月にオレンジページより刊行された『続々・ちょっと早めの老い支度』を文庫化にあたり加筆修正し、改題しました。

・本文デザイン：長坂勇司
・本文イラスト：もりやましほ
・校正：あかえんぴつ
・企画・編集：矢島祥子

岸本葉子（きしもと・ようこ）

1961年神奈川県鎌倉市生まれ。東京大学教養学部卒業。生命保険会社勤務後、中国留学を経て文筆活動へ。日々の暮らしかたや年齢の重ねかたなどのエッセイの執筆、新聞・雑誌や講演など精力的に活動し、同世代の女性を中心に支持を得ている。18年4月よりEテレ「NHK俳句」の司会を月1担当している。
主な著書『ちょっと早めの老い仕度』『俳句、はじめました』（角川文庫）、『50歳になるって、あんがい、楽しい。』『50代の暮らしって、こんなふう。』（だいわ文庫）、『ひとり上手』（海竜社）、『50代、足していいもの、引いていいもの』（中央公論新社）、『ひとり老後、賢く楽しむ』（文響社）他多数。

岸本葉子公式サイト
http://kishimotoyoko.jp/

だいわ文庫

50代《だい》ではじめる快《かい》適《てき》老《ろう》後《ご》術《じゅつ》

著者　岸本葉子《きしもとようこ》

二〇二〇年一一月一五日第一刷発行
二〇二一年八月一〇日第二刷発行

発行者　佐藤靖
発行所　大和《だいわ》書房
東京都文京区関口一－三三－四　〒一一二－〇〇一四
電話　〇三－三二〇三－四五一一

フォーマットデザイン　鈴木成一デザイン室
本文印刷　信毎書籍印刷
カバー印刷　山一印刷
製本　ナショナル製本

ISBN978-4-479-30840-9
乱丁本・落丁本はお取り替えいたします。
http://www.daiwashobo.co.jp